深圳市龙岗区宣传文化发展专项资金支持项目

匠 心 桥 饰

——图像中国古代桥梁装饰艺术

吴礼冠　著

中国建筑工业出版社

图书在版编目(CIP)数据

匠心桥饰——图像中国古代桥梁装饰艺术／吴礼冠著.
—北京：中国建筑工业出版社，2018.6
ISBN 978-7-112-22230-8

Ⅰ.①匠… Ⅱ.①吴… Ⅲ.①古建筑-桥-建筑装饰
-中国-图集 Ⅳ.①K928.78-64

中国版本图书馆CIP数据核字（2018）第104232号

责任编辑：张幼平
责任校对：王 瑞

匠心桥饰
——图像中国古代桥梁装饰艺术
吴礼冠 著

*

中国建筑工业出版社出版、发行（北京海淀三里河路9号）
各地新华书店、建筑书店经销
北京方舟正佳图文设计有限公司制版
天津图文方嘉印刷有限公司印刷

*

开本：889×1194毫米 1／20 印张：7⅕ 字数：120千字
2018年8月第一版 2018年8月第一次印刷
定价：68.00元
ISBN 978-7-112-22230-8
（32114）

序 言

在中国大地上，真正原建的千年以上的文物已不多见，而论其中数量最多的，古桥还真属翘楚。

中国古代桥梁有竹、木、石桥等多种，竹木易朽，因此留存至今最多的，实际上还是古石桥。中国古石桥在历史上曾经站在世界古石桥技术发展的前列，具有超时代的科技成就，是人类天才的杰作，是我们世代保护下来的珍贵遗产，也是体现了我国民族统一性、延续性的独立的科技发展系统。

中国古桥承载和体现科技进步的同时，在古桥装饰艺术这个维度也取得了斐然成就。桥梁装饰既体现了艺术审美的时代特点，涵咏了独具魅力的文化内核，更展示了先民们的独特艺术创造力。时至今日，我们可以在宏大或缩微的园林景观中，欣赏流水小桥的遗世独立、意蕴悠长，领略长桥卧虹的傲水凌波、风韵自成；横跨洨河的赵州桥以其优美的身姿引起世界赞叹，而隐身崇山峻岭或乡野村隅的一座风姿绰约的小桥，何尝又不可以让不期邂逅者沉吟激赏？无论单独成景还是作为点缀，无论身处通衢、来去熙熙还是僻居荒野、行者寥寥，古代桥梁都以其独特的身姿和莫可名状的艺术感染，在历史深处唤起了我们的记忆，留住一点文化乡愁。“朱雀桥边野草花”，“独立小桥风满袖”，“小桥流水人家”，流动在唐诗宋词元曲中的桥梁，哪一座不是让我们心生向往，怅惘之中涌起无尽的温情？

在审美之余，我们不妨思考、总结一下中国古代桥梁在实用技术和科技发展之外的总体装饰艺术。《匠心桥饰——图像中国古代桥梁装饰艺术》就是这样一种努力的结果。本书作者吴礼冠并不是传统意义上的专家，而是一个走在古桥考察和保护之路上的行者。他致力于寻找每一座他所了解或想要了解的古桥，费心尽力，来到每一座桥的身边，以有温度的现场照片和有生活气息的现场调查、访问，建立每一座桥梁的图像档案，十余年的资料积累加不断思考，最终捧出了这样一本色泽图像俱佳的桥梁装饰艺术普及之作。我们在其中不难读出中国古桥的文化，中国古桥的艺术，中国古桥的匠心！

一座桥的历史，无论如何辉煌，都只能是在历史上的一盏明灯，虽然可能照亮历史前行的道路，但其实际的功能，可能只是引导一处空间的跨越；而无数桥梁的存在，无论大小，无论工拙蚩妍，最终将集成解决中华大地上每一条出行道路上的具体障碍，提供现实的跨越方案。而当中国古桥以如此庞大的体量，遍布中华大地，遍布城乡之时，其间承载的大大小小的智慧，多姿多彩的形式，各种各样的文化，就构成了中华文明的巨大声部，成为文化复兴饶有生趣的一部分。因而，对中国古桥的持续关注，是一种文化的执着，是一种对先人智慧的高度认可。这是本书作者的本心，也是我们茅以升科技教育基金会持续努力、关注古桥的初心所在！是以为序！

茅玉麟

茅以升科技教育基金会秘书长

目 录

概 述

桥是一种独特的建筑物。千百年来，它或高踞于江河之上，承受着人间的重荷；或依偎于山水之间，点缀着大自然的风光。它是建筑，又是文物；是工程技术，又是艺术创造。

我国被誉为世界桥梁博物馆，在历史上和当今，都有着惊人的辉煌。近现代桥梁虽然多姿多彩，但它也只是古桥的继续，可以说，没有古桥的沉淀、积累，就没有今天桥梁的绚丽。

我国现存的古桥最早的建于隋代，较多的建于宋以后，大部分是明清两代修复或重建的。

什么样的桥才算古桥呢？

从时间上区分，上至秦汉，下到民国初年。从建筑材料上区分，以土、木、石、竹、藤、砖为建筑元素，材料取之于自然。桥的设计者和建造者，是土生土长的工匠和民夫。除设计了赵州桥的李春之外，也很少有留下名字的著名匠人。这是我用 11 年时间，行程 19 万公里，涉足中国大陆 26 个省份，经过大量调查并拍摄了 600 多座桥梁得出的答案。

人类在谋求生存和发展、改造自然、征服障碍的进程中，

石梁桥
四川省芦山县凤禾乡

用心、用力建造和发展了桥梁，造就了庞大的古桥梁世界。根据承重构件受力方式分类，古桥主要有四种形态：梁桥，包括木梁桥、石梁桥、木石梁桥、矴步桥、栈道、廊桥；拱桥，包括木拱桥、砖拱桥、石拱桥；索桥，包括藤竹索桥、溜索桥、铁索桥；浮桥，包括直浮桥、曲浮桥、开启式浮桥。

古桥由少到多，由粗至精，由简趋繁，其发展演变大致经历了四个阶段。

秦汉时期。包括战国及三国时期，为古桥创建发展阶段。

隋、唐时期。包括两晋、南北朝，为古桥全盛发展阶段。

两宋时期。包括五代十国，古桥发展臻于完善，为古桥技术创新、突破阶段。

元、明、清时期。古桥技术、建造工艺已进入成熟期，并对外产生重大影响阶段。

古桥建造在深涧峡谷、江河急流、险关隘道、村镇要津上，而想象中的桥则具有接引和跨越的功能，如传说中牛郎织女的鹊桥。建造者在解决“跨越”的同时，也激发了灵感和幻想，顺其自然地赋予对桥梁加以装饰的信心和创造力。

什么叫装饰？《辞海》中的“装饰”条文说：“修饰；打扮。《后汉书·梁鸿传》：‘女（孟光）求作布衣麻屦、织作筐缉绩之具。及嫁，始以装饰入门’”。《简明不列颠百科全书》的“装饰艺术”条文中说：“指各种能够使人赏心悦目而不一定表达理想或观点，不要求产生审美联想的视觉艺术，一般还有实用功能。陶器制品、玻璃器皿、宝石、家具、纺织品、服装设计和室内设计，一般认为是装饰艺术的主要形式。”这是指广义的装饰而言，本书所介绍的桥梁装饰，也仅仅是古代桥梁的装饰。

桥梁建筑作为一种物质财富，也和其他物质一样，在人类创造的过程中，不但创造了物质的实体，同时也产生了美的形象，人们对它进行程度不同的美的加工，装饰就这样在古桥上出现了。战国时期铁质生产工具的出现，使石料开采能力增强，

藤索桥
云南省腾冲三岔河

木梁桥
湖南省凤凰县沱江

石拱桥
江苏省昆山市周庄

石柱、石梁已用于桥梁，雕琢工料也出现在石柱、石梁上。秦时贸迁与兼并造就了很多特殊类型的桥——栈道，东汉期间屡修栈阁，留下了珍贵的栈道石刻。汉时，桥为平桥，两端带坡，桥两头有阙，阙为桥的附属建筑，主要起点缀装饰作用。浙江绍兴建于东晋时期的石桥有几座，其中有王羲之题扇的题扇桥。到了隋、唐，石拱桥的发展出现了飞跃，其装饰艺术日趋成熟，山东泗水县卞桥、河南临颍县小商桥、河北赵县赵州桥等桥上栏杆石雕装饰艺术登峰造极。宋、元、明、清的桥梁装饰更是气象万千，不但为桥梁而且为市镇平添胜景。

桥的装饰既然有时起到弥补人的力量不足的压胜作用，在桥梁装饰发展历程中，有哪些因素在起决定作用呢？

首先，是生产力发展水平。我们的祖先由原始游牧进入定点聚居，挖壕沟，架独木桥、骈木桥，山间浅水河道堆乱石造矴步桥，沿河沿谷修栈道，遇水摆渡造木船，增加载荷修拱桥。进入商品交易时代，农耕文明虽然还是日出而作、日入而息、凿井而饮、耕田而食，但社会、经济活动范围扩大，人流物流需要桥梁；地理、气候、河道在变化，需要桥梁；国家分分合合，军事要通达，更需要桥梁。不同的生产力发展阶段，联系到桥梁，通过各个历史阶段的积累，必然形成相对完整的桥梁系列。桥梁的发展，也影响着对桥的审美，对桥文化的追求。

其次，是科学技术的进步。从《史记》记载中可知，春秋时期，我国开采的铁矿已有3609处。同一时期发明了冶炼技术。春秋晚期、战国初期出现了铁器，木料、石料加工有了便利，桥梁在木构造的基础上，增加了石柱、石梁、石桥等新构件。汉代，我国发现和使用煤做燃料冶炼生铁，生产出开采石材的工具，如扁平楔、金刚石串珠锯、桅杆式起重机、盘式锯石机等，生产出桥梁装饰使用的锤、凿、刨、铲、钻、锯、刻刀等用具，桥梁装饰的舞台扩大了。到了北魏，在宗教文化的影响下，佛像雕塑艺术从敦煌、大同云冈，到龙门、麦积山石窟雕塑，形成了我国雕塑艺术理想美的高峰，也为桥梁雕塑艺术准备了人才。比如，在河北曲阳修德寺遗址出土的魏晋南北朝2200多件石造雕像，经文物鉴定学家杨伯达考证为曲阳石匠的作品，可见，当时曲阳的石雕人才已具一定规模，后来北京卢沟桥上千奇百怪的石狮就出自曲阳人之手。

第三，是原材料来源广泛。在几类桥型中，索桥、浮桥涉

石拱桥（联拱）
北京市丰台区卢沟桥

及装饰艺术的微乎其微。而木、石结构的梁桥、拱桥就十分普遍。这是因为，木质材料来源广泛，易加工，利雕刻，这和我国房屋建筑多用木结构的传统是同源的。宋代以木为原料的造桥技术已十分成熟，大胆、雄伟、飞檐远出、斗栱粗壮。木梁长桥已多造桥屋，木雕在桥屋装饰中演绎出精彩的篇章。石质材料分布也十分广泛，青石、大理石、花岗石、武康石、红砂岩石、河卵石，易找易采不易腐烂，寿命长，以石为原料的桥梁、墩、柱、栏板、拱券，因地制宜，随意赋形，为桥梁雕刻装饰编织出灿烂的文化霓裳。

第四，是传统文化的影响。源远流长的中国文化，维系着中国人的精神，积淀着中国人的智慧，昭示着中国人的道德标准、行为准则和心灵路程。修桥铺路是一种善举，也是一种公德。当政者亲自主持造桥是一种政治文化，宗教信徒募捐修桥，将宗教文化注入桥的建造过程。一般普罗大众，人生处境往往寄托于神灵保佑，自觉与不自觉把“情”“思”糅合在桥梁装饰中，衍生出独特的桥梁文化。

桥梁装饰艺术遵循先功利而后艺术、由朴拙到精细的基本规律。例如在南方山区比较多见的桥屋，初衷为蔽风雨、护结构，进而以建筑艺术的魅力增加桥屋的美感效果，变成可供游览、欣赏、祭祀、社交、集市、商铺出租等，功利性和审美性得到了高度的融合。再比如，唐、宋时期石桥雕塑常用的云气纹、水波纹那种行云流水般的飘逸风格，开始也是由外来佛教的火焰纹、卷草纹的形态，结合中国本土的植物花卉、传统的云气，经工匠理想化创造的作品。

桥梁装饰艺术符合“天人合一”的宇宙观。人们在生活中所接触到的行云、树木、花鸟、人物、鱼虫，给人以柔顺、流畅、精美之感。古桥建造者既维护社会功利的群体感情，又以丰富、生动的想象力，顺应四时变化，把大自然美好的面貌融合到桥梁装饰，构成人与自然的和谐整体。

桥梁装饰艺术把美作为目标之一，贯穿在桥梁建造过程中，其表现有以下几点共性。

一是传承了文明。漫长的农耕文明，提倡夫唱妇随、长幼有序的伦常自觉，表达了资父事君、孝当竭力、忠则尽命的职分自觉，讴歌了祸因恶积、福缘善庆、厚德载物、自强不息的生命自觉。在我国，以积极入世为特征的儒家学说在农耕时代占有主导地位，佛教传入中国后，在民间又常把它简化为劝人为善，两者在对待人的社会行为价值上存在着相当的一致性，以致把这种行为价值通过艺术的手法，凝固在桥梁装饰上。比如，建于清道光十九年（1839 年）的云南省禄丰县金山镇黑龙潭村通迎桥，是一座九墩八孔石梁桥，当地人信“命水”，请石匠把自己的手、脚印，雕刻在桥面上，以表明孝敬父母“落地有痕”，多做善事，岁与“桥长”，命如“石硬”。一些古桥还有“文官下轿、武官下马”的规定，表现出了对桥的敬畏。更多题刻在桥梁上的楹联、桥名、石碑，以及彩绘、泥塑，则记录着历史事件与人物故事，为桥增添了浓郁的人文色彩。这些色彩，是文明传承的体现。

二是寄托了企盼。漫长的农耕社会，百姓在风雨离乱中祈盼社会太平、风调雨顺、生活富有；祈盼保瑞辟邪、无病无灾、老少平安。在祖孙相传而又得不到实现时，只好寄托于神灵，从中找到自己的精神家园。如福建省闽侯县南屿镇茂田村一座单孔石梁桥，桥面刻有两条硕大的蜈蚣；湖南省长沙市望城区黄金乡杉木桥，为二墩三孔石梁桥，在石墩上刻有两条蜈蚣，同在一地域的乌山镇麻石桥为三墩四孔石梁桥，在石墩上也刻有三条硕大的蜈蚣。古代一些地方有这样的传说：龙的克星是蜈蚣，一些古代战船的船头就刻有蜈蚣。克龙，就意味着镇压洪水，抵御风浪，蜈蚣刻在桥上，无疑是保驾护航的神灵了。浙江省庆元县是我国廊桥最多的县，该县现存的廊桥大多数始建于明代，明代庆元因香菇交易而繁荣，从而聚集了来自浙闽各地造桥的能工巧匠，让廊桥建造进入了高峰。香菇业的发展，又与当地一种信仰有关：大约在 800 多年前，一个叫吴三的庆

单孔石拱桥
北京故宫午门内金水桥

元人发明了原木砍花法，成功栽培出世上最早的人工香菇，庆元成为全国香菇种植技术的发源地。后来，这位凡间平民被尊称为吴三公，并升入神坛，有廊桥的地方，就有吴三公的神像，成为平民膜拜的菇神。每年的正月是祭祀吴三公最隆重的时候，虔诚的乡民们从四面八方聚集到桥上，依次进行祭祀。隆重的则摆上整只猪头，奉上茶、酒，一般的带来几盘菜肴、水果，插上几炷香，便可磕头作揖，祷告祈福。每月的初一、十五，也常有善男信女前来行祀。

三是讲出了故事。讲故事，讲出传统的好故事，似乎是在古桥装饰中比较常见的题材。比如，贵州省黎平县地坪花桥，桥楼翼角巧装套兽，桥廊和桥亭屋脊上有泥塑倒立鳌鱼、三龙抢宝、双凤朝阳、鸳鸯鸾凤。一组组泥塑映衬在青山黛影中，仿佛是一副吉祥、瑞气的民俗画。廊内两侧楼壁板上，绘有侗族妇女纺纱、织布、刺绣、踩歌堂等，再现了侗族地区妇女勤劳改变生活的精神风貌，激励人们用双手建设美好家园。廊内的天花板上，有彩绘龙凤、白鹤、犀牛等，栩栩如生，显示出

石拱桥（单孔敞肩）
河北省赵县赵州桥

侗族人民的智慧和独特的建筑风格。其他一些地方石桥的栏板上，浅雕着“竹林七贤”、“苏武牧羊”、“太公钓鱼”、“松下问童子”、“卧冰求鲤”、“邯郸学步”、“黄粱美梦”、“季札挂剑”、“八仙贺寿”等。典故也好，传说也罢，传递出民间浓浓的善意和良好的愿望。这些故事，从不同角度说明了中华文化的吸收力和包容性，如果用两个字来概括，那就是“中和”，因为“中和”，它既有自然性，又有人文性，更有社会性。天人合一的频率、天理人欲的尺度，都在这个“中和”里。

我国地域广阔，南北东西气候冷暖不同，地形高低悬殊，各类型的古桥有相同亦有不同的装饰形式和内容，按部位大致分为桥梁出入口、桥上建筑、桥上栏杆、桥上雕塑、桥上泥塑彩绘，以及桥上题刻等部分。以下分部分介绍。

第一章 桥梁出入口

从空间上来看，出入口作为桥梁的一部分，其实用功能是导引、接纳行人车辆，相对而言不具有那么实际的功能，就是标志桥梁区域，突出桥梁周围景色，以及担当现代引桥功能等，而其中尤以前两者突出，如立于出入口的华表、牌坊、塔以及石碑、崖刻等。对桥既起到点缀作用，又使桥即时显著地精神起来。

一、华表

作为传统汉族建筑形式的一种，相传华表是部落时代的一种图腾标志，后演化成为古代宫殿、陵墓等大型建筑物前面做装饰用的巨大石柱，固定形式之后分为三个部分，即华表柱头、华表柱身和华表基座。

桥头建华表，历史悠久。初见尧、舜时期。《古今注》："尧设诽谤之木，今之华表木也。"魏晋时期，《洛阳伽蓝记》记载洛阳水浮桥"……南北两岸有华表，举高二十丈，华表上作凤凰，……"陆肱《万里桥赋》："揭华表以相效，刻仙禽而对立。"露天的华表经不住风吹日晒雨淋，它和其他木结构的桥梁、栏杆一样，逐渐被石料所替代，石头柱子最后代替了木头柱子，然而它们的形状仍继承了原来木柱的式样。细长的柱身，上方有一块板，这就成了华表最初的、也可以说最基本的形式。

华表的柱头上有一块圆形的石板叫"承露盘"，"承露盘"上面立着小兽，这是一种称为"犼"的动物。犼是一种形似犬的神兽。卢沟桥华表承露盘上的小兽后来换成狮子。华表的柱身多做成龙柱，柱身多为八角形。柱身上方横插着一块云板，华表的基座多做成须弥座形式。

始建于金章宗大定二十九年（1189 年）的北京卢沟桥，两端入口的两侧有石华表 4 根。华表高 4.65 米。华表形式与天安门前的华表相似，但在雕刻与装饰上有所不同。卢沟桥华表下部为一石制须弥座，座上立八角石柱，石柱上端横贯云板。八角柱顶上冠以仰覆莲座的圆盘，仰覆莲瓣之间饰以球串；圆盘之上置石狮各一个。这样精致而又挺拔的华表，通过石狮与桥梁本身形象联系起来，而在高度上又显得亭亭玉立，大大超出了桥栏望柱上的石狮群，使石狮的平面空间立体升华。华表成为卢沟桥入口的一处景观，也起到点缀和美化环境的作用。

北京卢沟桥东侧入口华表

部分构件经后来的维修或抽换，其风格仍不失古朴。

二、牌坊

唐代街区称坊，隋唐时期的长安城已经发展到比较完备的程度，整座长安城设 110 坊，坊口树牌以标坊名。枋柱上不加屋顶的称为牌坊，加屋顶的称为牌楼。牌坊为正立于桥梁出入口的门楼，牌坊上刻写桥名。

牌坊是由棂星门演变而来的，开始用于祭天祀孔。设在桥梁出入口，起到点题、框景、借景等作用。牌坊和华表一样，初期由木制作，或独架或三架，中高翼低，一主二从。有的建造比较简单，有的建造比较考究、复杂。

古桥出入口牌坊有不同的功能与作用。

标志性牌坊

它们位于古桥的前面，作为古桥的标志性建筑。如安徽休宁县齐云山镇登封桥单门石牌坊，坊上书“登封桥”。八墩九孔登封桥的牌坊，是经桥登齐云山的标志；陕西省汉中市褒斜栈道蜀道遗址入口处石牌坊，坊上书“蜀道秦关”，入栈道必先经过牌坊。

大门式牌坊

处于古桥正中入门位置，独立存在，牌坊柱间或门洞也不安设门扇，人们可以穿行而过，也可以绕开而行。这里所讲的大门式牌坊是不能起到真正门的作用的。如山东曲阜孔林洙水桥牌坊，四柱三间，石质，四柱为冲天八楞式，柱顶各有椭圆雕石兽，独角披鳞，仰天蹲坐。明间额枋雕刻“洙水桥”三个正书大字。云南省鹤庆县文庙泮桥石牌坊，四柱三间不设屋顶，也称得上大门式牌坊。

标志性牌坊

安徽省休宁县齐云山镇登封桥，二柱一间。

入口牌坊

陕西省汉中市褒斜栈道蜀道遗址入口牌坊，二柱一间。

洙水桥牌坊

山东省曲阜孔林洙水桥牌坊，四柱三间，中间正对洙水桥。

纪念性牌坊

古桥出入口为纪念或表彰某人某事而专门兴建的牌坊。如安徽省绩溪县瀛洲乡龙川村官报桥奕世尚书石牌坊，四柱三门五楼，系用花岗石和茶园石搭配凿制而成。正面刻有“恩荣”、“奕世尚书”、“成化戊戌科进士户部尚书胡富”、“嘉靖戊戌科进士兵部尚书胡宗宪”、“大司徒”、“大司马”字样。石牌坊流檐飞脊、斗栱花翅，梁、柱前后均饰以龙、狮、鹤、鹿等镂空浮雕，图案优美，立体对称，技艺精湛。中国自古以来讲究一个家庭的资望，称之为“门望”，这种门望在龙川村这座石牌坊上体现充分。

即使比较单调的古桥，只要两端出入口建了华表或牌坊这些标志性建筑，桥立时精神起来，虽然从结构上未必与桥形成整体。

大门式牌坊

云南省鹤庆县文庙泮桥牌坊，四柱三间，正中对着一尊孔子石像。

纪念性牌坊
安徽省绩溪县瀛洲乡龙川村官报桥牌坊。

部分古桥不同风格的牌坊（牌楼）

桥名	牌坊题（刻）字	地点
安澜桥	安澜桥	四川省成都市都江堰
泸定桥	泸定桥	四川省泸定县
向阳索桥	向阳索桥	云南省腾冲县曲石乡
味江索桥	味江索桥	四川省成都市都江堰青城后山
拱宸桥	南北通津	浙江省杭州市
双虹桥	龢光怀德	云南省腾冲县和顺乡
水心榭	水心榭	河北省承德市避暑山庄
广济桥	广济桥	广东省潮州市
广济桥	民不能忘	广东省潮州市
宿星桥	宿星桥	云南省禄丰县
濠濮涧		北京市北海公园
姊妹桥		四川省安县晓坝乡
堆云积翠桥	堆云积翠	北京市北海公园
状元桥	兴贤坊	上海市嘉定孔庙
褒斜栈道	蜀道秦关	陕西省汉中市褒斜栈道蜀道遗址
永安桥	永安桥	福建省寿宁县犀溪乡
泮桥	泮桥	云南省鹤庆县文庙
济川桥	济川桥	浙江省龙泉市
云龙桥	云龙桥	福建省连城县
捷报桥	捷报桥	云南省腾冲县和顺乡

三、塔

塔是随着佛教由印度传入的建筑形式。塔传入我国，很快被融合、改造了，接着派生出了各式各样的佛塔，有楼阁式佛塔、密檐式塔、喇嘛塔、金刚宝座塔和缅式塔等。作为一种文化现象，佛塔的内容还被延伸而具有了更广泛的意义。建在古桥出入口的塔，成为古桥附属的佛教宣传和装饰小品，至于装点美化风景，承接风水，那是见仁见智的事。俗话说："救人一命，胜造七级浮屠"。又说："行三百善，如造浮图"。意思是讲行善，修桥铺路是善举。在桥梁出入口处造塔，可以提醒行人行善积德。

福建石桥由僧人所造的较多，桥头往往有塔。泉州洛阳桥先后有9塔之多，现存桥上有5塔，都是宋塔。泉州万安桥南侧石塔保存良好。该塔以纵横垒砌条石的方式墩座为基，西塔六角三层，塔座以上第一层南三面镌刻浮雕佛坐像；第二层南三面刻佛号；第三层刻有"一切十方佛"诸文字。宝轮葫芦刹尖。东塔六角底座，圆形覆莲下座中有边刻浮雕佛像石鼓，上为仰莲上座，托圆柱带卷杀塔身，北向开石龛，龛内石雕佛像一尊，龛口左右石刻武士，飘带飞扬。塔顶石刻六角飞檐。福建省福清市海口镇龙江桥石塔，两座镇桥石塔左右对峙，塔高5.05米，七级六角实心，塔上刻有坐佛、侏儒、狮子、莲花等人兽花鸟纹饰，雕工细致，神态自然。福建省晋江市安平桥石塔，条石纵横垒砌塔座，一、二座四方形实心。广西兴安县灵渠南陡桥石塔、浙江省绍兴市新昌县小将镇吉安桥石塔等，都各有特色，装点美化了古桥的出入口。

如果把在古桥出入口建塔看作为一种文化现象，那么，这种外来文化很快被本土文化所吸收、改造、融化的现象是不是中国所独有的呢？也许文化可以包容，可以融合，我中有你，你中有我。

福建省福清市海口镇龙江桥石塔

两塔左右对峙，中间是跨河的石桥。

广西兴安县灵渠南陡桥石塔

公元前219年，史禄主持开凿广西兴安县灵渠，联结湘江和漓江，沟通长江和珠江两大水系。灵渠桥不少，唯独南陡桥建塔。南陡桥为湘江入渠口，石塔成了渠口的一个景观。

浙江省绍兴市新昌县小将镇吉安桥石塔

吉安桥小石塔类似宝箧印经塔，为五代时期吴越国王钱弘俶，仿照阿育王建造的小塔，以为藏经之用。其形状似一宝箧，里面藏了小卷印经。这种塔，宋代以后才出现。当然吉安桥的小塔是缩小比例而建的宝箧印经塔。

福建省晋江市安平桥石塔

安平桥当地人称“五里桥”，有五里多长。晋江是福建下南洋海上古丝绸之路的一个重要节点，是对外贸易的重要进出口，据记载，泉州自南朝起便有与海外往来的记录。安平桥横跨海港，使水陆交通融为一体。桥塔构筑简单，古朴质真。

四、石碑崖刻

中国古桥比较善于用语言艺术来提升自身的文化层次，在桥的出入口通过石碑、崖刻，表达人们对桥梁的思想情感，以扩大桥梁在社会生活中的影响。

石碑

勒石记事，古之传统，大约是从先民们岩石、青铜器铭文乃至陶器纹饰衍化派生出来。在纸张没有产生之前，吊文、斋辞、祭文、墓铭，大都只能雕刻于甲骨或金石之上。由于岩石多且省事，石刻便取代了这些与天地共存之碑刻。咏物言志，不仅为后代提供了珍贵史料，其书法真迹也成了一门学问：金石学。

石碑有两种，一种专门记事，俗称碑记。碑记是桥梁建造史的原始文献，是人类改造自然的实践记录，绝大多数古桥梁都有碑记。碑记内容主要记述建桥的缘起、开工和竣工时间、中间所遇到的重大困难及解决办法，主持工程的官员和出钱、出力较多的有功人员，以及桥梁建成后的壮丽景象和造福社会的实际功效。有的古桥碑记还不止一块。

另一种为某处某地题名的碑。如北京卢沟桥东雁翅桥面北侧的“卢沟晓月”碑，原为金章宗题名，现在保存下来的碑是清朝乾隆皇帝的手笔。为何叫晓月？因为卢沟桥当年是进京路上最后一个客馆驿站。“未晚先投宿，鸡鸣早看天”，赶路是要赶早的。从卢沟桥到京师市内，有 20 多里路程，进京的士宦商贾闻鸡早起，趁着月色动身，到了卢沟桥上恰好是踏霜见晓月时分。“卢沟晓月”是对这种生活感受的形象概括，也包含了文人墨客的着意渲染。

贵州省绥阳县公馆桥桥头有三块碑，分别题写“民不能忘”，

“痌瘝在抱”和“咸歌利涉”。其用意十分明确，称颂谁为民众办了好事，民众将永远记住他，把人民的疾苦放在心里，公馆桥便利于交通。以此鼓励政府官员，为官一任，造福一方，起到勤政为民、规范行为的作用。这是对建桥者所做功德的赞颂。

记事的碑记立于桥头明显处，题名的碑自然必须立在原地。普通的碑立于露天之中，重要的碑专门建有房屋，将碑立于室内，这种建筑四面开敞，不设门窗，便于看碑，故称碑亭，“卢沟晓月”碑就建了碑亭。

石碑是一部石头的史书，具有较高的历史和艺术价值。第一，石碑记述了历史。中国的历史，包括政治、经济、文化、科学等方面的历史，除了靠口传以外，主要依赖文字记载，而石刻经久保险，它虽然不如纸张全面完备，但有时起到重要的补充与印证作用。第二，石碑留下众多书法真迹。碑记用语比较简练，其书法作品或俊秀或妩媚，但必须是规范、精细、和谐统一的，能吸引过桥者驻足诵读。题名的石碑用语更简练，字数少、字体大，庄重有力，有不少为名家撰文书写，石碑上的刻文无形中成了书法大家真迹的集中场所。第三，石碑还记录了历代的石雕艺术。石碑的碑头、碑身、碑座有些有石雕作装饰，它们用高雕、浅雕等各种手法，有龙、狮等动物和植物花卉的多种装饰内容。这些雕刻多表现了各个时代所具有的特征，成为我们研究雕刻艺术发展的绝好资料。

石碑从最初的一块石头到后来见到的各式各样的形式，经过历代匠师的创造与实践，形成了中国石碑成熟的形态。随着时代的发展，石碑的功能、形态必然要有一个新的创造与突破，这就要看设计者的智慧与胆识。

康熙重修卢沟桥碑

在北京卢沟桥东，碑连龟座共5.78米，碑首为双龙纹脊顶，碑文记载康熙八年（1669年）十一月二十七日卢沟桥碑记载修缮情况：“朕御极之七年，岁在戊申，秋霖泛溢。桥之东北水啮而圮者十有二丈，所司奏闻，乃命工部侍郎罗多等鸠工督造；挑浚以蔬水势，复架木以通行人，然后龙石为梁，整顿如旧。”

广西兴安县灵渠万里桥碑

碑文为明成化九年（1486年）钦差大臣吴玉巡视广西所写。龟之成为石碑碑座，其中有一种传说：龟力气大，善于负重，但其性又好扬名。它常常驮着三山五岳，在江海中兴风作浪以显示自己。大禹治水时收服了龟并用其所长。治水成功后，大禹搬来一块大石头让龟驮在背上，使龟无力随意行动以免再去兴风作浪，从此，龟就成了碑的基座了。这自然是民间的神话，但也反映了人们对龟的一种认识。

贵州省绥阳县公馆桥桥头石碑

文字分别为从左至右碑上“民不能忘”、“痌瘝在抱”和“咸歌利涉”。

卢沟桥“卢沟晓月”碑及碑亭

福建省屏南县寿山乡白王村龙井桥石碑

碑文为建造龙井桥出钱的人的名字、数额。

崖刻

把具有较高层次的文人、大家写成的具有一定意义的文字镌刻在桥梁出入口的崖石上，叫崖刻。崖刻临江倚水，环境恶劣，毫无遮掩地裸露于山崖上，环境决定了其用语必须更精炼，也是一种不可多得的书法艺术。浙江省天台县石梁乡天生石梁桥“第一奇观”崖刻，为米芾亲书，这是米芾游历名山大川、饱览众多名胜，经推敲后对天生石梁桥作出的评价。崖刻多用阴文，因为这样凿去字迹笔画的那部分，多留空白。为了便于识别，字痕较深。这样，容易表现出底图之间的强烈对比。崖刻书法虽无笔墨浓淡之分，但作为写在崖石上的字，自有其独特的韵味。福建省闽清县云龙乡际上村际上桥，河床上刻“贤良陂”。

崖刻字体裸露于山崖，上有烈日暴雨浇晒，下有暴涨洪水吞蚀，造成很多字体剥落。有的乡村废弃荒芜，桥上没了行人，苔藓、荒草、藤蔓覆盖，崖刻难以发现，幸存的字多有漫漶，也就不足为怪了。

浙江省天台县石梁乡天生桥崖刻“第一奇观”

福建省闽清县云龙乡际上桥河床崖刻“贤良陂”

陕西省汉中市石门栈道崖刻

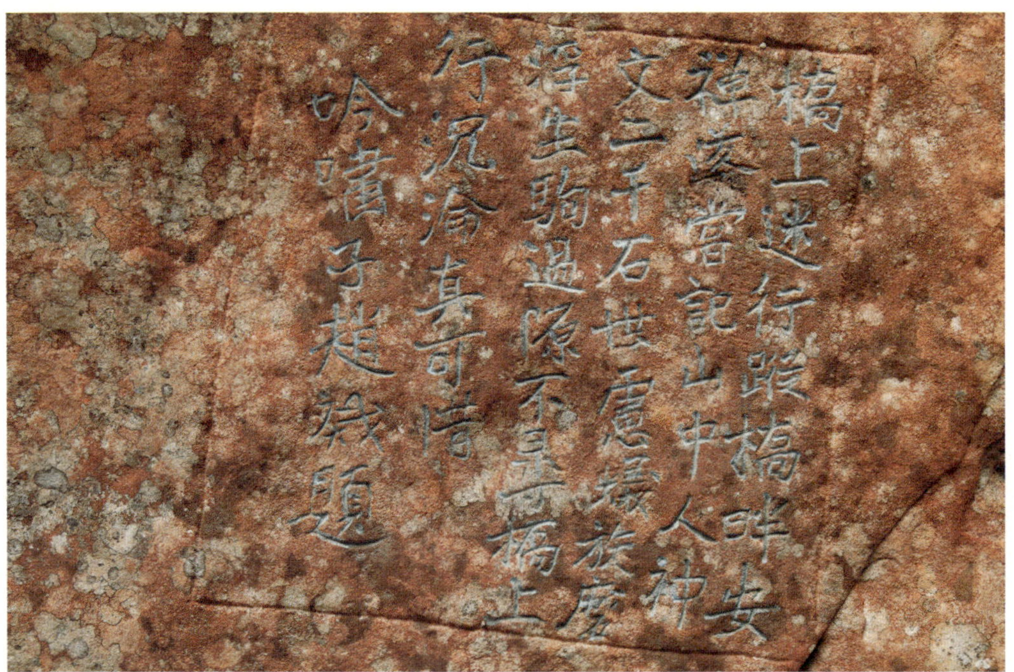

安徽休宁县渭桥乡云岩湖

第二章 / 桥上建筑

桥由上部结构和下部结构两部分组成。上部结构包括桥跨部分和桥面系，桥面系当然也包括桥屋、廊、亭、阁。这些桥上建筑，有些是出于结构的需要，但更多的是出于造型和装饰的审美需求，而这恰恰增添了桥梁的艺术魅力。

一、桥屋、廊

在桥上立柱架梁，在顶上盖瓦，叫桥屋。桥屋多建在伸臂梁桥和叠梁拱桥上。桥廊的外形结构、建造方式与桥屋大致相同，廊桥横向几乎是四柱三间起架，中宽边窄，中间为通道，侧安木凳，人字屋顶，顶上是脊。

廊两端收头称山，中国传统建筑山有若干种做法：

硬山：廊端建山墙。墙上开门出入，或不开门而侧面出入。山墙亦多装饰。

悬山：檩子向两端外部挑出，封以博风板。梁架完全敞开，或在门上加与桥面一样的挡雨板。

准悬山：悬山而在柱间梁上加横门檐。

庑殿：端部和边坡一样亦为坡屋顶，垂直两坡交界处加斜向垂脊。

歇山：上部为悬山，加封。下部为横向斜坡，纵横两坡相交处有垂脊。

桥上为什么要建屋、建廊？

第一为加重。山涧水急，猛涨猛落，其基础埋深比不上有桥柱或桥墩的梁桥，重量不够，容易引起桥的倾覆。在桥面上建桥屋、桥廊，可以达到增加压重的目的，起到稳定桥梁、抵御水流冲击的作用。

第二为防腐。伸臂梁桥和叠梁拱桥都是用木料建造的，木料虽有不少优点，但在风吹日晒雨淋的作用下，容易腐朽，防雨防晒至关要紧。在桥上盖屋，在木伸臂之外罩上木板，对桥梁起保护作用。

有廊的桥，统称廊桥。廊桥有几种样式：

1. 全封闭廊桥

伸臂梁桥、贯木拱桥在桥外侧钉上鱼鳞封板，桥屋檐口远伸，栏杆亦封闭。封板渗渍桐油，以免遭雨水侵蚀。两檐下覆以木板，

福建省寿宁县坑底乡杨梅州桥

南方雨多，桥要考虑防雨排水，所以在木伸臂之处要罩以木板，称雨板或枋板。

深辄数尺，行经桥内，不见桥外美景，内外隔绝。虽然耐久性上对桥保护有利，但牺牲了从桥上欣赏风景的功能。

2. 只设漏窗，其余全封闭式廊桥

漏窗只为采光，也无法赏景，虚多实少。在福建东部、浙江西部、安徽南部石拱廊桥中常见，如安徽省歙县北岸村北岸廊桥，东侧墙开各式漏窗，两侧漏窗砖砌龟纹、梅花纹等花格；北岸廊桥东侧墙设水磨漏窗，造型有满月、弓月、刀币、花瓶、桂叶、葫芦等，从每个窗望出去，景色各不同。

3. 半封闭廊桥

在檐口之下、栏杆之上不加封闭，栏杆下加一道挑檐，以挡斜雨，留出空间形成直通棂窗，以接受自然风光，又能赏景，有虚实变化，如福建省泰顺县永庆廊桥。

福建省寿宁县坑底乡大宝桥

全封闭式，防护性好，但透光差，幸好桥不长。

安徽省歙县北岸村北岸桥西侧漏窗，砖砌龟纹、梅花纹等

葫芦漏窗

桂叶漏窗

葫芦漏窗

福建省泰顺县永庆廊桥，半封闭格式

现存廊桥分布在全国近20个省份，依据区域所形成的廊桥带，其装饰有不同的特点：

1. 浙南—闽北廊桥带。主要覆盖闽、浙、赣、皖四省交界地区，属丘陵、山区地带，廊桥多建在村寨水口处。古时人们认为流水会带走一个地方的吉祥之气，而桥能锁水，使风水变好。如果村庄只建一座廊桥，桥必定建在村寨的水口处即村口；如果一个村有两座廊桥，那就在村口和村尾各建一座。如浙江省遂昌县王村口镇宏济桥就建在村口上，人们祈望宏济桥能锁住风水。

2. 江南廊桥带。主要覆盖长江三角洲地区，包括浙北、上海、苏南，园林式廊桥为多，建造、装饰比较注意“虚实”“隐显”“开合”等艺术手法。

3. 客家地区廊桥带。主要覆盖闽、赣、粤三省交界的客家居住地区，廊桥有浓厚的客家文化特色，建筑形式受浙、闽地区影响较大，如江西省龙南县杨村太平桥。

4. 武陵廊桥带。主要分布于渝、湘、鄂、黔、桂交界的武陵山区周边，其中侗族、苗族地区风雨桥数量较多，造型华丽，如广西三江县独洞乡芭团桥。

5. 西南廊桥带。主要集中在四川、云南两省，廊桥分布在崇山峻岭的乡村中，整体风格朴实无华，少装饰却气势恢宏，如云南省腾冲县曲石乡野猪箐桥、四川省新龙县乐安乡波日桥。

6. 华北廊桥带。主要覆盖太行山两侧的北京、河北、山西，现存廊桥较少，主要为宗教、园林中的附属建筑。

浙江省遂昌县王村口镇宏济桥

桥墩呈十字架形，两根苦槠木交叉承托桥梁。

浙江省奉化市江口街道南渡村广济桥

江西省龙南县杨村太平桥

四川省新龙县乐安乡波日桥

桥墩顶部用片石叠砌成“伞”，远看像碉堡。

广西三江县独洞乡芭团桥

桥亭、桥廊屋脊、飞檐均精心制作，小青瓦组合图案，白石灰勾勒线条，造型简洁秀丽。

河北石家庄井陉苍岩山桥楼殿

桥楼殿飞架于危崖峭壁之间，楼殿金碧辉煌，宛如彩虹。

二、亭

亭，停止，指可供人马停步休息的建筑。距今三四千年前，亭已经出现了。相传夏代就有启筮亭。春秋战国时期，亭得到很大发展，在诸国家之间往来的大道上，修建了不少亭式建筑，以供商旅、使者往来休息住宿。后来又用于军事，以至成为长城的重要组成部分。

亭，最早多为实用性，如驿亭，有传递文书、邮件及旅行住宿的功能；凉亭，有供人休息、乘凉等功能等。当然，亭还曾经是一种下层政权机构的形式。《汉书》记载："县道大率大里一亭，亭有亭长，十亭一乡……"刘邦曾做过基层的小官"泗水亭长"。亭是路的延续，于是，桥和亭就产生了联系。亭建在桥头，作为起程的起点，成为饯别的地方，和离情别意有密切联系；亭建在桥中，或避雨遮阳，成为赏景观色，或为桥梁点缀，既是实用的，又是艺术的。

亭的建造无定式，可三角，可多角；可梅花，可横圭。实际上，亭的形式还有很多，如圆形、半圆形、方形、多角形，不一而足。亭建在桥上，人总要往外看，无窗无户。即使有的亭安了窗户，也是凌空透亮，以满足观赏的需要。亭飞檐翘角，玲珑华丽。亭顶以攒角的形式最为普遍，即把房脊和瓦垄逐渐收缩小到中心成一尖角，上面冠上元宝或方椎，多角形的顶子，看上去凌空挺秀。尖顶有三角攒尖、六角、八角、圆顶、多角攒尖等形式。为了使亭子更加华丽、厚实，除单层之外，还有两层重檐和三层重檐、多层重檐等，如云南省昆明市圆通寺白石桥，为重檐八角亭，桥已融合于建筑之中。江苏省扬州市瘦西湖五亭桥，桥亭结合，五亭攒集，五个亭子临水而建，中亭为龙泽，两重檐，上檐圆，下檐方，表示天圆地方；中亭两侧东为澄祥、西为涌瑞，是方形重檐；再次东端为滋香、西端为浮翠，均是方形单檐。五亭皆绿琉璃瓦顶，黄瓦剪边。桥的建造者吸收了北海五龙桥或万岁山五亭及金刚宝塔的建造方式，桥亭比例适当，配置和谐。

云南省昆明市圆通寺白石桥上的桥亭

江苏省扬州市瘦西湖五亭桥

五亭攒集，形成完整的屋面构思。

部分桥亭及其特点

桥亭名称	地址	特点
莲台宝塔桥桥亭	福建省屏南县	飞檐翘角，歇山顶
虹桥桥亭	福建省周宁县	重檐歇山顶，檐角飞翘，斗栱重叠
玉沙桥桥亭	福建省连城县	重檐歇山顶，亭脊呈尾燕式
如龙桥桥亭	浙江省庆元县	双重檐歇山顶
廻澜桥桥亭	广西富川瑶族自治县	由 32 根柱子采用梁式构架组成，重檐歇山
登云桥桥亭	福建省顺昌县	四角木桥亭，重檐歇山顶，檐角高跷，中脊置珠环。
太平桥桥亭	江西省龙南县	在两拱的拱顶上又建一座四面通透的凉亭，凉亭翘脚重檐
双龙桥桥亭	云南省建水县	北侧观览亭，重檐攒尖，檐角高翘，屋檐层叠，檐角交错
太极桥桥亭	云南省腾冲县	四角以方形石柱支撑，顶为覆斗状，四角置斗栱，仿木结构，顶内嵌太极图
保兴桥桥亭	云南省西畴县	重檐悬山顶，穿斗式结构
金清大桥桥亭	浙江省温岭市	方形桥亭，石柱木枋，四角攒尖顶
安平桥桥亭	福建省晋江市	四方形，四条立柱，檐上绘彩图，檐角起翘饰纹草
镜桥桥亭	北京市颐和园	八角重檐攒尖顶，造型典雅
水心榭桥亭	河北省承德避暑山庄	中座亭为重檐歇山卷棚顶，两端座亭为重檐攒尖顶
程阳桥桥亭	广西三江县	中央亭为四层六角重檐。两旁的亭则是四层四角重檐，全为攒尖顶
祝圣桥桥亭	贵州省镇远县	六面亭，穿斗式三重檐，八角攒尖青筒瓦顶
花桥桥亭	贵州省黎平县	六角攒尖顶，上置葫芦宝顶
广济桥桥亭	广东省潮州市	26 座亭，为潮州地标性建筑，可做礼仪活动及交际活动场所
广利桥桥亭	湖南省东安县	中部桥亭歇山顶，三重檐。两端桥亭平面呈八角形状
普修桥桥亭	湖南省通道侗族自治县	东西两边桥亭为三重檐四角歇山顶，中间桥亭为七重密檐，下三层为方形平面，上四层为八角攒尖葫芦顶。桥亭檐角饰狮、凤、卷草等
洞宫花桥桥亭	福建省政和县	东西两端建二层桥亭，重檐歇山顶，层层飞檐翘角，脊有宝葫芦
虹桥桥亭	河北省保定市莲花池	八角卷檐双重顶，檐角曲形上卷如莲叶
龙桥桥亭	广西兴安县灵渠	四面敞开，四角圆柱，四角高翘，灰顶白山
九曲桥桥亭	浙江省杭州市西湖	置自然风光于湖水之间，可开敞四望，吐纳云气
芭团桥桥亭	广西三江侗族自治县	中亭为五重檐四角歇山式，其余两亭为四重檐圆角歇山式

三、阁

桥上建阁，阁必有楼，合称阁楼。

为什么在桥上建阁？伸臂木梁桥、贯木拱桥大多屹立于偏僻山区的青山碧水间。桥的设计者为了增强桥的观赏性，或在桥头或在桥中央建造楼阁，以增强桥的起伏、层次、主从的变化，壮丽的楼阁与山光水色交相辉映，更觉景色迷人。如湖南省江永县夏层铺镇上甘棠村步瀛桥，桥头建文昌阁，桥阁交相辉映。有的地方，桥中建阁，增加了桥的载荷，桥的稳定性有了保障。如云南省建水县双龙桥，桥中高阁将桥分为两段，阁北桥七孔，阁南桥九孔，中孔正好在阁下。阁高 20 米，平面方形，分三层，三重檐，面宽和进深都是五间，飞檐交错，巍峨壮丽。

楼阁跟桥屋、廊一样，属木结构。其外形有四方的，重檐歇山顶，两层、三层或三层以上；有的八角形，每层飞檐翘角；有的宝塔形，攒尖顶，顶部大多置葫芦宝顶，有的还在屋檐角上饰动物，如湖南省通道侗族自治县坪坦乡平日村迴澜风雨桥，3 座桥阁均为三层密檐六角攒尖葫芦顶，收尖处置有钵体、宝瓶、小鸟等饰物。楼阁一般首层为桥的通道，二层以上有木梯连通，供游客赏景。

湖南省小江永县夏层铺镇上甘棠村步瀛桥，桥阁交相辉映

云南省建水县双龙桥

湖南省通道侗族自治县黄土乡普修桥

四、神龛

桥上设置神龛，是廊桥的一大特色。福建、浙江、湖南、广西、江西等地建造的廊桥中时有看见。佛教《华严经》中有一句经文“广度一切，犹如桥梁”。由于桥是从此岸跨越到彼岸，与佛教教义中“此岸世界”和“彼岸世界”的喻义类同，常被引用佛教建筑中，成为宗教文化中较为重要的一员。浙江宁波有一句民谚：“渡人渡上岸，送佛送到西。”虽然讲桥与渡的作用，但也体现佛教济世度人思想。

廊桥设神龛供乡民祭祀，大多设在桥屋当中，有楼阁的廊桥便将神龛设在楼阁上，有的偏居在桥屋的一旁，有的则在桥头路冲独立建庙。民间的祭祀可以追溯到很早。远古时期的人类，经常会遇到雨雪风暴的袭击，他们对这些来自自然界的灾害既缺乏科学的认识，更无法抵御，于是产生了对自然天地的恐惧与企求感，产生了对冥冥上天与苍茫大地的崇敬，这就是早期人类的原始信仰。进入农业社会以后，人类主要从事农业生产，更加重了对天地自然的依赖。风调雨顺，五谷丰登；久雨使江河泛滥，不雨会赤地千里，颗粒无收；自然界的变化直接决定着农作物的丰歉，也决定着人间的祸福。于是，对自然天地的崇拜进一步得到强化，随之而起的是产生与发展了对天、地、日、月的祭祀。

祭祀天地之礼很早就已存在。早在夏代（约公元前21～前16世纪）就有了正式的祭祀活动，在以后的历朝历代都受到统治者的重视。《五经通义》中说：“王者所以祭天地何？王者父事天，母事地，故以子道事之也。”所以皇帝称为“天子”，是受命于天而来统治百姓的，所以祭天地成了中国历史上每个王朝的重要政治活动。

古代将祭祀天地日月称为郊祭，即在都城之郊外进行祭祀，这是因为天、地、日、月均属自然之神，在郊外祭祀更接近自然，远离城市喧嚣，以增加肃穆崇敬之情。

在以农业为主的古代中国，为了让精神得到更大的安慰和满足，老百姓除了天、地、日、月祭祀外，又逐对敬仰与崇拜的山岳、神灵、祖先进行祭祀，具体到设在廊桥上的祭祀对象，有观世音菩萨、关公、火德星君、水神、文昌君、土地公婆、临水夫人、真武帝、显灵官大帝等，还有一些是只有当地人才知晓的神灵，如浙江省庆元县膜拜吴三公。福建省寿宁县存留的 66 座廊桥中，有 51 座设有祭祀场所，供奉观世音菩萨和陈靖姑。桥上祭祀场所可大可小，主要方便百姓随时点烧香火。

其实，很多祭拜的所谓神灵，是根据民间故事物化而来，表现了人们对鬼魂与神灵的崇拜，一种感恩与怀念，期望菩萨保佑一方生灵，从某种意义上说，有了这种祭祀活动，人们对廊桥多了一份寄托，多了一份关爱，这也是众多廊桥能够保留至今的精神动力。

农历初一、十五日，福建省永安市贡川镇集凤村的乡亲到会清桥拜祭

部分以人做祭祀对象的桥

桥名	地点	拜祀对象
福寿桥	福建省寿宁县犀溪乡	临水夫人
龙脑桥	四川省泸县福集镇	观世音菩萨、文昌帝、赵公明
孟滩桥	广西龙胜县平等乡	关公 关平 周仓
莲台宝塔桥	福建省屏南县屏城乡	陈夫人
永镇桥	江西省安达县江头乡	欧阳融
古厦花桥	福建省屏南县古峰镇	陈夫人
寿春桥	福建省寿宁县犀溪乡	临水夫人
仙宫桥	福建省寿宁县鳌阳镇	马仙
飞云桥	福建省寿宁县鳌阳镇	临水夫人 黄三公
如龙桥	浙江省庆元县举水乡	平水王
文兴桥	浙江省泰顺县筱村镇	桃园三结义
廻龙桥	湖南省通道县平坦乡	关圣位
步蟾桥	浙江省庆元县举水乡	平水王 大禹
垅桥	浙江省庆元县龙溪乡	陈氏夫人 抱子娘娘
彩虹桥	江西省婺源县清华镇	胡济祥 禹王 胡永班

部分以神做祭祀对象的桥

桥名	地点	拜祀对象
兴宁桥	广西昭平县黄姚镇	土地
滐川桥	福建省屏南县甘棠乡	玄帝公
会清桥	福建省永安市贡川镇	真武帝
赤岩虹桥	福建省周宁县泗桥乡	观音
寿春桥	福建省寿宁县犀溪乡	观音
升平桥	福建省寿宁县鳌阳镇	观音
寿春桥桥南	福建省寿宁县犀溪乡	土地 文昌帝
广利桥	福建省屏南县岭下乡	真武帝
广福桥	福建省屏南县岭下乡	观音 五显灵官大帝
龙井桥	福建省屏南县寿山乡	观音
千乘桥	福建省屏南县棠口镇	五显灵官
万安桥	福建省屏南县长桥乡	观音
云龙桥	福建省连城县罗坊乡	文昌帝
双龙桥	云南省建水县县城	观音
东关桥	福建省永春县东关镇	观音
振兴桥	福建省上杭县步云乡	真武帝、神农帝、五谷真仙
永兴桥	福建省上杭县步云乡	真武帝
复兴桥	福建省上杭县步云乡	真武帝
接龙桥	广西龙胜县平等乡	土地
水东桥	湖南省洞口县水东镇	观音
永德桥	浙江省磐安县墨林乡	土地
登龙桥	福建省德化县浔中镇	观音
安仁桥	浙江省大田县青水乡	真武帝
梯云桥	浙江省奉化市溪口镇	土地
广济桥	浙江省奉化市江口街道	土地

四川省泸县福集镇龙脑桥桥头路冲佛座，有观世音菩萨、文昌帝、赵公明神像，供过桥路人祭祀

福建省上杭县步云乡桂河村永兴桥

人们怀着一种感恩与怀念，期望菩萨保佑一方平安。

浙江奉化市溪口镇石门村梯云桥

第三章 桥上栏杆

有防护功能的栏杆，为古桥装饰的组成部分。它既是桥面边缘的标志，给过桥的人以明确的界限和提供心理上的安全感，也是协调周边环境、突出古桥艺术个性的装饰构件。好的栏杆，凭栏可以远眺，也可俯视，它为人们的抒情、审美活动提供了保障。栏杆往往也能起到协调周边环境、突出桥梁建筑的艺术个性、美化桥梁空间，给人以美的享受。

古桥栏杆，按材质分主要有木质、石质两类。

一、木质栏杆

最简单的木栏杆，仅在桥头有望柱，其他全是蜀柱，除扶手是通常的寻杖外，矮栏仅有一根至二根横槛或楣。如广西三江县程阳风雨桥，引桥拾阶而上，两侧木栏杆除扶手外只有一根。上海市青浦区朱家角镇平安桥栏杆只有扶手和一根横槛。

广东省番禺区余荫山房浣红桥，廊顶随桥起伏，两侧栏边用曲槛，据说该廊桥是参考“海山仙馆”的“柳波桥”而建，为岭南园林最经典的造型。有些园林亭榭中用花格栏，也叫彩槛，如江苏省苏州市拙政园小飞虹桥的彩槛，浙江省桐乡市乌镇西栅临水木桥的花格栏。

广西三江县程阳风雨桥

引桥木质栏杆，结构简单，也给过桥的人以明确的界限和提供心理上的安全感。

上海市青浦区朱家角镇平安桥木质栏杆

广东省番禺区余荫山房浣红桥曲槛

浙江省桐乡市乌镇西栅花格木栏

二、石质栏杆

石质栏杆的设计和建造一直为历代桥梁大师与工匠的重视。石质样本形式多样、个性鲜明，反映着不同时代的历史风貌、民族风格和地域特色，具有强烈的观赏价值，也是艺术造诣高妙的作品。

石质栏杆按结构分，有实体型和透空型两种。

1. 实体型栏杆。实体型栏杆是指栏杆由整块石料做成，造型上以敦厚、坚实见长。由于栏石矮，不加雕饰，质朴、简洁，素雅无华。矮石栏可以作凳，既可休息，又可观赏水上风光。

2. 透空型栏杆。栏杆之间透空，在扶手与底栏之间，布置出透空图案，以精致的石雕技法，在厚实的石料上雕刻出各种生动的吉祥物象或者构图精美的纹样，主要通过望柱和望柱头来体现。

不难体会到的是，石质栏杆的图样和花饰实际上是参照木栏杆而作的，但鉴于石材本身的厚重和相对难于雕琢等特色，完全仿照木栏杆制作的桥梁栏杆有时候也会失之于呆滞，有些优秀的石质栏杆体现出来的精巧灵动，实际上更多体现出了石匠工人双手的灵巧。

云南省沾益县黑桥护栏

粗犷质朴护栏

浙江省绍兴市安昌镇三板桥通条护栏

护栏可作凳休息，可观赏水上风光。

贵州省绥阳县公馆桥通条护栏

栏石较矮，不加雕饰。

浙江桐乡市乌镇南塘桥

重庆市渝中区鹅岭公园石质绳桥

望柱

即桥面固定栏板的矮柱，它既有护栏的实用功能，又有使桥的形体更为华贵的装饰作用，还可供游人凭扶眺望。柱身形状较简单，有四方形望柱、蟠龙望柱、蟠龙竹节望柱、竹节望柱、竹节斗子宝珠望柱、云龙望柱、云鹤望柱、云凤望柱、宝瓶望柱、题刻望柱等。它们是造桥工匠大展才艺的重要部分，深具传统文化的神韵，洗练而不单调，寄予神情而不重复的造型和绮丽多姿的艺术创造。还有一些借助望柱题刻一些禁语，对护桥起到警示作用。

望柱经雕饰后，显得更加生动活泼，整块实体型的栏杆从敦厚而略显呆板的造型中得到升华。这些望柱雕刻刀法苍劲，风格古朴，意境深厚，显示着工匠石刻艺术的高超和意境的诡远。

河北省赵县赵州桥蟠龙望柱

广西恭城县白沙桥狐狸望柱

山东省泗水县卞桥人物望柱

安徽省当涂县新市镇叶家桥题刻禁语望柱

望柱头

望柱头的形式种类变化多端，最为常见的，有方柱头、圆柱头、火焰柱头、官帽柱头、圆顶僧帽柱头、寿桃形柱头、莲花柱头、葫芦柱头、狮子（蹲狮）柱头、狗柱头、蟾蜍柱头、大象柱头、麒麟柱头、龙柱头等，千姿百态，刻工精细、神形兼备。

望柱头石雕艺术成就首屈一指的为卢沟桥的石狮。该桥望柱头上 281 个狮子，形态姿势，极富变化，或坐或立，或俯或仰，高低错落，搭配匀当。高的有 50 多厘米，低的有 20 多厘米，一般的在 30 厘米上下。有的挺胸昂首望云天，有的低身伏卧，抚育狮儿，有的侧首转脸两两相对，俨同传语。特别是桥南面西半部一只望柱上的石狮，一只耳朵高高竖起，好像在倾听过往行人的絮语。最为有趣的是望柱头上大狮子身上的小狮子，大的有 10 来厘米，小的仅有几厘米，它们有的伏在大狮子的怀里，只露出半个身躯，有的躺在大狮子的脚下，拼命翻滚；有的则已爬到大狮子头顶上去了；有的在大狮子耳朵根下，只露出半个嘴脸……工匠们把望柱头的石狮形态、神情，刻画得淋漓尽致。照唐宋以后的一般石狮子的雕刻方法，多半是脚踏一个绣球，或脚戏一个小狮，像卢沟桥的石狮这样雕出许多小狮在周身上下顽皮钻动的表现方法，是极为罕见的。

望柱头艺术成就仅次于卢沟桥的，还有北京市故宫断虹桥，重庆市梁平县金带镇双桂堂泮桥，河南省临颍县皇帝庙乡小商桥，广西恭城县沙子镇沙子桥，浙江省温岭市新河镇金传大桥，等等。

而建于明正德三年（1508 年）春的江苏省南京市溧水区蒲塘桥，以寺庙建筑为望柱头，给人以更多的想象空间。

部分富有特色的望柱头雕刻：

· 动物类型：

以动物类型做望柱头比较常见，一些带有吉祥寓意的动物为工匠所推崇，最突出的有龙、狮、猴、象、鹤等动物。

1. 以龙为特征的望柱头

龙在汉高祖自称为龙子之前，早就是中华民族的图腾象征了。龙的形象是通过综合、想象，逐步演变而成的。

在民间，好龙爱龙，龙成为神圣和喜庆的象征而被广泛地使用在寺庙、祠堂等建筑上，古桥装饰也能看到龙的身影，既有龙头、龙身、龙爪俱全的龙，也有龙头卷草身、龙头回纹身的草龙和拐子龙。说通俗了，雕刻是一种装饰，实际情况是哪里需要艺术处理，就把龙刻在哪里。

2. 以狮为特征的望柱头

狮子为野生动物，具有自身的形象。自从用它来护卫桥梁后，大多数狮子都经工匠之手进行了再创造，狮子被民族化、人性化了，它的形象有了变异，其变异往往表现在狮子头部和四肢的造型上，尤其是狮子头，“十斤狮子九斤头，一双眼睛一张口”，这是民间工匠对狮子造型的经验总结，狮子凶狠或可爱都是通过头部表现的。

3. 以象为特征的望柱头

象是大家所熟悉的可亲的动物，力大于狮，性情温驯，可驾驭。佛教以狮为文殊坐骑，象是普贤坐骑，以示佛法无穷，众生拱服。

浙江省杭州市西湖苏堤锁澜桥龙头望柱

上海市嘉定孔庙泮桥龙望柱头

山西省平遥县惠济桥龙望柱头

北京故宫断虹桥蹲狮望柱头

重庆市万州区罗田镇普济桥狮子望柱头

浙江省湖州市南浔区双林镇万元桥狮子望柱头

重庆市万州区罗田镇普济桥象望柱头

云南省丽江纳西族自治县黑龙潭五孔桥象望柱头

4. 以猴为特征的望柱头

猴与人有天生的缘分，猴生性活泼好动，灵变自如。望柱头的猴子经工匠之手作人性化处理后，也变得温驯有母爱了。

重庆市梁平县金带镇双桂堂泮桥猴望柱

5. 以鹤为特征的望柱头

鹤性情高雅，形态美丽，素以啄、颈、腿“三长”见称，被誉为“一品鸟”，地位仅次于凤。鹤雌雄相随，步行规矩，情笃不摇，具有很高的德行。在道教中，鹤是长寿的象征，故而在皇家园林的石桥中，以鹤形象作望柱的不在少数。

6. 以凤为特征的望柱头

凤是中国传统文化中的另一神物。

《大戴礼》称：“羽虫三百六十，凤凰为之长。”雌者为凰，雄者为凤。《山海经》说：“丹穴山鸟，状如鹤，五彩而文，名曰凤。”天下五彩而文的鸟很多，凤也是各种形态的综合。

凤凰的德性如《孔演图》所说：“非梧桐不栖，非竹实不会，不醴泉不饮。身备五色，鸣中五音，有道则见，飞则群鸟从之。”正如龙一样，身备众美，可是谁也没见过。

民间喜欢龙凤合用。帝王之家，帝称龙而后称凤（应是凰），无非是各领一属之长。

北京市颐和园玉带桥云鹤望柱头

浙江省绍兴市探花桥凤望柱头

· 人物类型

1. 以人物为特征的望柱头

在石雕装饰中，人物的出现有两种情形：一种表现在佛教建筑，主要为在佛塔和经幢上出现的菩萨、罗汉、金刚、力士；另一种则通过工匠对人生态度的理解、神话故事等涉及人物的喜、怒、哀、乐，常出现的有寿星、和尚、武士、王母娘娘等，通过人物刻画，抒发或寄托人间的真、善、美。

2. 以帽子为特征的望柱头

民间有一句俗话，叫“衣帽取人”，可见人与帽子有一定的联系。古时，仕宦有三六九等，每一职级的官员在官场要戴相应的帽子，看古装戏，皇帝、宰相、文武百官不尽相同。即使到现代，行业间也有不同的帽子，比如护士、厨师、军人等。风雨岁月，建筑工匠对帽子已烂熟于心，于是，不同帽子通过工匠之手，也出现在古桥望柱头上。

浙江省绍兴市越城区东浦镇大木桥人物望柱

重庆市梁平县金带镇双桂堂泮桥神话故事中的人物望柱

福建省福州市闽侯南通镇登瀛桥帽子望柱头

福建省福州市闽侯南通镇登瀛桥帽子望柱头

安徽省当涂县新市镇叶家桥帽子望柱头

浙江省奉化市西邬镇居敬桥帽子望柱头

·火焰类型：

火焰，能带来光明，能带来阳气，从另一角度看，火焰也类似火苗。皇家陵墓（清东、西陵）、宫殿内河道（故宫内外金水桥）石桥上的望柱头，雕刻成火焰是常态。火焰寓意生生不息，薪火相传 。

湖北省钟祥市显陵御河桥火焰望柱头

山东省曲阜孔林洙水桥火焰望柱头

· 植物类型

1. 以莲花瓣为特征的望柱头

莲，有连续、连绵不断之意。

《本草纲目》中对莲的介绍说：“莲产于淤泥，而不为泥染；居于水中，而不为水没。”民间认为，莲的生存过程，符合佛教中人世辗转生生的世界观，莲荷的生态中蕴含人生哲理，因而其特征显示了古人所倡导崇尚的道德。

莲或莲瓣在古桥上为连绵两千多年常用的题材，有紧凑的莲瓣，有层层剥离的莲瓣，也有在花瓣上作镂空雕刻的莲瓣。工匠们在素净的花瓣上巧刻仰莲和覆莲，让人们平添清静、素雅。

浙江省奉化市西邬镇居敬桥莲瓣望柱头

浙江省绍兴市八字桥覆莲望柱头

浙江省嵊州市镇东桥莲瓣望柱头

2. 以瓜的形状为特征的望柱头

瓜，既是植物，也是食材之一。以瓜为题材的装饰在古桥中常见。瓜的雕刻是建筑工匠在生活中仔细观察、充分认识之后进行艺术概括而成的。瓜的每幅作品，显示出瓜的形态美，反映出建筑工匠的艺术创造力。

浙江省奉化市西邬镇居敬桥南瓜望柱头

重庆市梁平县金带镇双桂堂泮桥南瓜望柱头

广西恭城县沙子镇沙子桥葫芦瓜望柱头

· **佛教类型：**

佛教起源于印度，东汉永平年间（公元89 ~ 105年）传入我国。佛教的宗旨是见空出世，行善戒恶。相信行善得报，不见今世见于来世，给人以宁信其有、不信其无的精神寄托和希望。强调人生要“但行直心”。所谓直心者，为正直之心、赤子之心和慈悲之心，以超度世人。佛教的宗旨植根于民间，有众多的信仰者。久而久之，佛教文化、佛教建筑经匠人之手，也运用到桥望柱的装饰上。

佛教要求敬佛、供僧、造寺庙，为的是延续宗教，把造庙、修桥看成阴功积德。历史上，江南一些地方“有桥就有庙”。“南朝四百八十寺，多少楼台烟雨中”，既是有名的诗句，也为一地的风景。可见，寺庙建筑在工匠心目中占有的分量。把寺庙建筑提炼、简化、移植到古桥望柱上，是建筑工匠的创造。

江苏省南京市溧水区蒲塘桥有佛教文化特征的望柱头

江苏省南京市溧水区蒲塘桥望柱头

江苏省南京市溧水区蒲塘桥佛教建筑望柱头

栏板

栏板，是桥面望柱与望柱之间的板状构件，既有护栏作用，又有联结作用。石栏板以实为主，用浅雕手法刻上瑞兽，如蛟龙、游龙、二龙戏珠、蟠龙、仙鹤、猛虎、马鹿、犀牛、飞马、飞鱼、飞鸟等；花草，如牡丹、莲荷、菊花、慈姑、蜀葵、兰花等；人物故事，如十八罗汉、八仙、卞庄刺虎、姜太公钓鱼、竹林七贤、苏武牧羊、卧冰求鲤、钟馗嫁女、一路连科、青云直上、龙治水等。其他还有太平如意之类的栏板。变化多端的栏板凹凸有致，富有光影变化。

栏板雕刻工艺的精湛，已经超越材料固有的美感，以富有民族特色、乡土气息、心灵追求，表现出更强的思想文化底蕴。

栏板雕刻艺术堪称独步的要数赵州桥。该桥栏板雕刻想象力丰富，神态飞跃，刻工精细，珠联璧合。栏板的框景作用，让行人过赵州桥就能欣赏到一幅幅美轮美奂的连环画，感受到大自然的美丽和工匠们的心血结晶。

北京市故宫断虹桥 18 块石栏板，每块栏板都有石雕图画。图画的中心图案都是龙。在二龙戏珠图中，一龙昂首张口追逐彩珠，彩珠又似被火焰包裹；另一条龙回首相顾，有呼有应，形成传神的一体。当年工匠刻意求精，龙的须发飘逸，仿佛正在云雾之中。

山东省泗水县泉林镇卞桥村的卞桥 26 块栏板，栏板四周饰平面线刻云水花纹，中间刻有人物、花卉、珍禽、异兽、云水、山石、建筑等浮雕，其中“太公钓鱼”、“卞庄刺虎”、“周处除三害”、“松下问童子”等浮雕形象逼真、布局巧妙。

栏板的雕刻，刀法苍劲古朴，布局多样，结构独特，引人入胜。不仅体现着劳动人民的智慧，而且还象征着善良、美好，战胜邪恶的愿望和力量。并具有很高的艺术价值、史料价值和欣赏价值，是不可多得的石雕精品。

河北省赵县赵州桥游龙栏板

左龙夹尾执莲叶、荷花、卷叶，飘带一束，向右龙献举；右龙展尾执莲瓣珠一枚，向左龙献举，二龙相向游戏。

河北省赵县赵州桥交龙栏板

二龙握爪，回头作腼腆状。其左龙左爪上举，三趾复握右龙上举右爪一趾的侧端；左龙右爪下伸，趾稍卷曲，右龙左爪下伸趾稍伸展，相互触接。

河北省赵县赵州桥饕餮栏板

北京市故宫武英殿断虹桥二龙戏珠栏板

北京市故宫武英殿断虹桥奔龙栏板

浙江兰溪市永昌街道永昌桥石栏板浮雕

山东省泗水县泉林镇卞桥“松下问童子”栏板

山东省泗水县泉林镇卞桥猛兽厮杀栏板

山东省泗水县泉林镇卞桥鹤舞荷池栏板

抱鼓石

栏板端头置抱鼓石。抱鼓石中为何用石鼓，古籍上并没有详细记载。古人多把早期历史上尧、舜时期作为政治上的开明时期，所以有“尧设谏鼓，舜立谤木”之说。谏鼓是指朝廷为听取百姓意见，在朝廷大门设一大鼓，百姓有事可击鼓要求进谏。由此，门前设鼓就带有欢迎来人的象征意义了。后来，把圆鼓立于门枕石上，下面用花叶、蔓草、水纹、云纹托抱，所以这类门枕石又称“抱鼓石”，桥的抱鼓石为门枕石的延伸。以花岗石、大理石雕刻精致的各种抱鼓石刻，根据饰纹可分为云头素线抱鼓、卷云抱鼓、卷花抱鼓、海口抱鼓、太极抱鼓等，通过栏板端头的精心制作，起到强化桥梁的均衡感，给人一种完美舒心的感觉。

浙江省绍兴市八字桥云头素线抱鼓石

浙江省嘉善县西塘卧龙桥卷草抱鼓石

浙江省奉化市溪口镇岩头村广济桥卷草抱鼓石

安徽省当涂县新市镇叶家桥村海口抱鼓石

江苏省南京市夫子庙飞虹桥卷花抱鼓石

靠山石

有些古桥把栏板端头做成巨大的动物雕像代替抱鼓石即靠山石。靠山石动物原型占据第一位的是狮子，它以独立的体态站立在桥头。

狮子以勇猛著称，它的形象自然也是表现出勇猛威武之势。狮子并不是我国特产，它在东汉年间传入我国。佛教经典对狮子非常推崇。《玉芝堂谈荟》：“释者以狮子勇猛精进，为文殊菩萨骑者。”靠山石的狮子形象却很多，有凶猛的，也有温驯的，有严肃的，也有顽皮的。作为守桥神兽，山西太原晋祠鱼沼飞梁入口前的铜狮子体大色浓，高踞于石座之上，为古桥增添了宏伟气势。

狮子成了艺术形象之后，被人性化了的狮子多姿多彩：有口叼飘带、胸怀幼狮嬉戏的，有仰首鼓眼望天空的，有一足按小狮子，一足捧绣球，雌雄不分的，有张嘴挤眼面目可憎的，不拘一格。总之，用狮子作靠山石，出于“厌胜”为目的，让狮子镇住水族中的精怪，以石头的灵物寄托着美好的愿望。

云南省西畴县兴街镇保兴桥伏狮靠山石

云南省禄丰县星宿桥狮子靠山石

北京市故宫断虹桥靠山石

山东省泗水县泉林镇卞桥靠山石

湖北省钟祥市显陵御河桥靠山石

贵州省安顺市西秀区泮桥靠山石

第四章 桥上雕塑

桥上雕塑，既为装饰美化，又为精神压胜。人们过桥，既要欣赏自然山水风光，也要感受桥上建筑的艺术魅力。一座朴实无华的桥梁，在适当的部位加以雕琢，增加刚柔、虚实、简繁、华实、光影变化，使桥梁更具魅力。

根据材质不同，桥上雕塑有木雕和石雕之分。

一、木雕

桥屋建筑多采用木材结构体系，要建桥屋就有木工。

木雕是从木工中分离出来的一个工种，木雕主要集中在桥屋建筑部分构件即梁架、梁垫、斗栱、雀替、撑栱、穿、藻井等部位。雕刻材料选用质地细密坚韧、不易变形的树种，如杉木、樟木、银杏、龙眼木等木材，其雕法有圆雕、浮雕、镂雕及几种并用。木雕题材主要体现社会生活、历史人物故事、山水花鸟等方面。

1.“穿”的雕刻装饰

木廊桥瓜柱与瓜柱之间需要一种相互连接的构件，这种构件因为是穿插在两柱之间的连接木，所以称之为“穿”。穿没有承载重量的功能，所以它的尺寸比梁枋小，它的形式在各地的木雕中也有多种多样。

福建省屏南县长桥镇万安桥把瓜柱之间的穿，用较厚的板材加工成“鱼”形，在穿上雕刻。有的浅雕成莲花，有的浅雕成花叶，有的浅雕成书卷，有的浅雕成飞鸟，把廊道穿打扮得极有艺术品位。

万安桥浅雕花卉

万安桥浅雕书卷

万安桥浅雕飞鸟

2. 撑栱的雕刻装饰

屋檐下用一根木料，下端顶在柱身上（或梁头上），上端支在撑枋下，这种支撑之木可能因为与斗栱起着相同的作用，所以称为“撑栱”。

作为一种构件，通过工匠的制作进行了美化加工，在撑木上雕刻出各种花饰、植物、动物、人物。浙江省温岭市新河镇金清大桥桥亭入口的撑栱就雕刻成托塔天王。传说托塔天王为神仙之一，能捉妖降魔，神通广大。托塔天王头上顶的垂柱雕刻仰莲花瓣，脚踩的梁头雕刻神童和倒骑牛的老寿星，寓意耐人寻味。浙江省泰顺县永庆廊桥撑栱雕刻成草纹、花卉、蝙蝠，给人以清新的感觉。

浙江省泰顺县永庆廊桥撑拱草纹

浙江省泰顺县永庆廊桥撑拱木雕蝙蝠

浙江温岭市新河镇金清大桥桥亭入口撑拱
木雕托塔天王

3. 斗栱的雕刻装饰

斗栱是我国房屋木结构中很特殊的一种构件。为了支撑屋顶出檐，古代工匠用弓形短木从柱头和檐额上挑出，一层不够再加一层，在两层弓形短木之间用一小块方形木垫，弓形木称“栱”，小方木外形如古代量器的斗，因此这种组合的构件称为“斗栱”。斗栱用在屋檐下，可以使屋檐挑出的深度加大，也可以用在梁枋的两端和两层梁枋之间起到托、垫的作用。

为了使斗栱更加美观，工匠们对斗栱施以雕刻装饰，有的在斗栱的左右伸出两块雕花板，好像斗栱长出了两翼，大大美化了斗栱的造型，如河北省井陉县苍岩山桥楼殿上下几层的斗栱装饰；有的改变斗栱本身的构件形状，把伸出斗栱前面的昂嘴用雕刻装饰成龙头，形象十分华丽，大大增强了斗栱的装饰性。

河北省井陉县苍岩山桥楼殿上下几层的斗栱装饰

河北省井陉县苍岩山桥楼殿斗栱装饰

把伸出斗栱前面的昂嘴雕刻装饰成龙头，形象十分华丽。

二、石雕

石雕是指用各种可雕、可刻的石头，创造出具有一定空间的可视、可触的艺术形象，借以反映社会生活、表达雕刻工匠的审美感受、审美情感、审美理想的艺术。石材质量强韧耐风化，是雕塑的主要材料。常用的雕刻石材有花岗石、大理石、青石、武康石、砂石等。石雕多采用象征与比拟的方法去表现有一定意义的动物、植物、器物等形象。

古桥石雕，不得不说到四川省泸县，这里以龙的形象装饰的石墩石梁平板桥和半圆实肩拱桥，至今尚存 140 多座，被誉为龙桥故乡。

龙是中华民族腾飞和繁荣兴旺的象征。传说中龙是万兽之首，万能之神。关于龙的起源，有多种说法。比较流行的是说龙是人类的一种图腾，而且是由蛇图腾演变而来的，它以蛇身为主体，接受了兽类的四脚，马的毛、鬣的尾、鹿的脚、狗的爪、鱼的鳞和须。总之，是蛇图腾又不断合并其他图腾逐渐演变而成的龙。第二种说法，认为龙的原始祖先是恐龙。恐龙有

四川省泸县福集镇龙脑桥

龙头上的眼、耳、鼻、眉、须、髯、角等雕刻细腻，鳞甲有绳纹，鱼鳞等形状，龙身刻有云纹，龙嘴含有宝珠，夸张与写实相结合。

细长颈、长尾，有类似牛、虎之头，这正是龙的基本形象。第三种说法认为龙是一些自然现象的表象。《说文》中说："龙，鳞虫之长，能幽能明，能细能巨、能短能长，春分而登天，秋分而潜渊。"这种现象只有天上的云，雷雨前的闪电才具备，是某些自然现象被生物化而变为龙。第四种说法，认为龙是古人根据传统观念的一种创造。至于几千年封建社会统治者或处于社会底层的百姓，对于龙的解读更是层出不穷，但有两点认识是比较一致的：一是龙代表了古代人类的一种神话意象，它不是现实物质世界中的某种生物。二是龙代表了人类所崇敬的神人或者是原始人类所不认识也不能驾驭的某种超自然力量的化身。这两点认知，转化在雕刻最具代表性的泸县福集镇濑溪河上的龙脑桥最为突出。

龙脑桥 12 墩 13 孔，中部的 8 个桥墩上，雕刻狮子、象、麒麟和龙四种灵兽。4 条龙居中，象一头、狮一只、麒麟二只。四兽依次并排，气势磅礴，雄伟壮观。整座石桥各部的雕刻浑厚刚毅，比例匀称，工细规整，造型别致，逼真生动。特别是对细部的加工处理一丝不苟。例如龙头上的眼、耳、鼻、眉、须、髯、角等雕刻细腻，头顶部刻一"王"字。龙身卷曲成"S"形，并刻有九排纵列的绳纹状鳞甲，背脊有翅，龙身后部隐入一朵三幅卷云中，给人以飞舞飘动之感。龙尾在桥墩的另一面卷入浮雕云朵中。

泸县龙桥以圆雕龙为主的雕刻，技艺熟练，线条明快舒畅，粗犷中显细腻，夸张与写实结合，继承和发展了秦汉、唐宋石雕艺术传统，在全国桥梁史上独树一帜，就全国而言，栏板上有龙的浮雕，券顶上有龙的透雕，有的雕盘龙、奔龙。与这些地方相比，泸县龙桥的雕刻是雕刻艺术的集中见证，是雕刻文化的典型。

龙脑桥之外，泸县众多"龙桥"各有特色，没有一座雷同。如：有冲天之势者为龙灯桥；有默然潜游者为龙洞桥；有引颈怒吼者为苦桥子桥；有憨态可掬者为凤水桥；有安然嬉游者为永济桥等。每座龙桥的雕刻浑厚刚毅，比例匀称，工细规整，逼真生动。特别是对细部的加工处理上一丝不苟，例如龙头上的眼、耳、眉、须、角，在身上的甲、翅和流动，雕刻得栩栩如生。

四川省泸县比较有特色的龙桥一览表

桥名	建筑年代	雕刻种类及数量	地址	保护级别
龙脑桥	明	4 龙 1 狮 1 象 2 麒麟	福集镇龙华村 7 组	国家级
苦桥子桥	明	2 龙	福集镇石鸭滩村 1 组	省级
万寿桥	清	2 龙	毗卢镇陈家村 7 组	省级
顺对大桥	明	4 龙	云龙镇高家嘴村 4、5 组	省级
永济桥	清	4 龙	云龙镇战旗村 4、7 组	省级
小龙桥	明	2 龙	云龙镇战旗村 3、4 组	省级
龙洞桥	清	4 龙	云龙镇云丰村 8 组	省级
金罡桥	清	2 龙	云龙镇朱梅滩村 7 组	省级
凤水桥	清	2 龙	嘉明镇复兴村 2 组	省级
金龙桥	清	2 龙	嘉明镇团山堡村 2 组	省级
鸿雁桥	明	2 龙 1 鸭	嘉明镇罗桥村 4 组	省级
仙济桥	清	4 龙	得胜镇仁和村 10 组	省级
江安桥	清	2 龙	得胜镇仁和村 5 组	省级
白鹤桥	清	3 龙	毗卢镇白鹤村 7 组	省级
高阁桥	清	2 龙	毗卢镇坳丘村 3 组	省级
白思桥	清	1 龙 1 狮 1 象	兆雅镇石龙村 8 组	省级
龙灯桥	清	2 龙	雨坛镇三界村 1 组	省级
如此桥	清	2 龙	海潮镇尖山村 1 组	省级
海济桥	清	2 龙	海潮镇街头村	省级
观音寺桥	清	3 龙	百和镇朱巷村 10 组	省级
薄刀桥	明	1 龙	云锦镇稻子村 1 组	省级
双龙桥	清	2 龙	云锦镇稻子村 5 组	省级
旧桥	清	2 龙	福集镇神龙村	省级
新桥	清	2 龙	奇峰镇长林村 5 组	省级
铁垆滩桥	清	5 龙	奇峰镇长林村 7 组	省级
狮子桥	清	2 龙	太伏镇鱼湾村 6 组	省级

续表

桥名	建筑年代	雕刻种类及数量	地址	保护级别
桥墩河桥	清	3 龙	太伏镇鱼湾村 5 组	省级
蜘蛛桥	清	2 龙	牛滩镇红旗村 12 组	省级
高桥	清	2 龙 1 狮 1 象	石桥镇秦家坝村 4 组	省级
桥地下桥	清	3 龙	石桥镇永定村	省级
济众桥	清	1 龙	玄滩镇宋槽房村 3 组	省级
桂花坝桥	清	2 龙	海潮镇尖山村 8 组	省级
和尚滩桥	清	3 龙	况场镇方山村	省级
龙岩新桥	清	2 龙	海潮镇陈湾村	省级
五子凼桥	清	1 龙	得胜镇大雕楼村	省级
杨湾桥	清	3 龙	毗卢镇陈家河村	省级
渔霸桥	清	2 龙	海潮镇方坝村	省级
玉带桥	清	3 龙	太伏镇伏龙村	省级

四川省泸县福集镇龙脑桥

龙兽雕刻的比例特别夸大，形象生动，龙头迎着水流的方向雄踞桥墩之上。那四个高大龙头好似带着狮、象、麒麟张口含笑，气势磅礴。

四川省泸县雨坛镇冲天之势龙灯桥

四川省泸县福集镇默然潜游苦桥子桥

四川省泸县嘉明镇憨态可掬凤水桥

湖南浏阳张坊镇张坊村廖家桥凤凰朝阳

吸水兽

类似四川省泸县比较集中地在平板石质梁桥上雕刻龙的确实不多，但在石拱桥中，单孔桥的拱冠石或者多孔奇数拱桥的中心孔上，拱冠石雕琢吸水兽的却不少。吸水兽有龙、狮、螭、虎等，传说吸水兽在拱桥的最佳位置俯首向下，正视河心，作吞奔涛、骇水怪的姿势，并监视着通过桥孔的流水，欲使流水恬静安贴，而不兴风作浪。

雕刻得比较精细的如山东省泗水县卞桥金代吸水兽；重庆市万州区普济桥清代龙吸水兽，高仰龙头，怒目而视，瘦削的龙身十发夸张；河北省永年县弘济桥风牤牛吸水兽，监视桥孔水流，十分逼真；江苏省南京市孝陵升仙桥通过拱券侧视吸水兽，共有18只之多，恐怕是中国古桥一座桥中吸水兽最多的。

让河水不敢兴风作浪的不只吸水兽，有些地方把蜈蚣雕刻在桥面或桥墩上，也有如出一辙的传说。在古人的世界观里，龙的克星是蜈蚣，一些古代战船的船头就刻有蜈蚣，克龙，就意味着镇压洪水，抵御风浪，蜈蚣无疑就是保驾护航的灵物了。

桥上雕刻的蜈蚣，体形粗壮，望而生畏。人们借助毒性大的蜈蚣克制如猛兽般的洪水，祈望一物降一物，这是一个时代的产物。

桥上雕镂刻凿，并非可有可无，从实践上看，桥上雕刻只要赋予一定的积极的思想内容，桥上雕刻形式极为丰富，灵长祥瑞的动物是一类题材内容，而人物、佳禽、瑞鸟、灵芝、仙果、瑶草、琪花、太极、佛教图案以及书卷石等又是另一类题材内容。有些内容为的是延年益寿，有些是祈求造桥者和桥梁永葆青春。

山东省泗水县卞桥龙首吸水兽

贵州省都匀市遇仙桥螭首吸水兽

螭，传说是无角的龙。螭之首常用作雕塑装饰，并且列为龙生九子之一。

北京市故宫断虹桥狮子吸水兽

上海市嘉定孔庙泮桥虎头吸水兽

虎为林中猛兽，古人很早就将虎作为力量的象征，用它的形象做桥的保护神。在工匠的刻刀下，虎又变成各种色彩，老虎在中华大地上组成一种特有的虎文化。

河北省永年县弘济桥风牤牛吸水兽

重庆市万州区罗田镇普济桥吸水兽

重庆市梁平县金带镇双桂堂泮桥吸水兽

江苏省南京市孝陵升仙桥龙吸水兽

在一座桥雕刻这么多的吸水兽，确实少见！当年朱元璋灵柩由此过桥入葬，故名升仙桥。每一侧都有 18 只龙头吸水兽，对应明孝陵陵墓，给人以想象空间。

福建省福州闽侯县南屿镇蜈蚣桥

湖南省长沙市望城区乌山镇麻石桥桥墩上的蜈蚣

湖南省长沙市望城区黄金乡杉木桥桥墩上的蜈蚣

人（神）像

桥头有神像，以陕西省咸阳渭桥最早。传说中的水神忖留，半身置于水中，狰狞可怕，故惊乘马。

河有神，借助神以镇压水怪，保护桥梁。一些桥头河神石像，面目平和，有的似人非神，慢慢地变为了人像，也许是造桥工匠的自造像。

福建省泉州市洛阳桥石像

石像有点人神难辨的味道。看面目，倒是挺平和的。

山西省永济市蒲津浮桥唐代铁人像

1989 年 7 月 31 日开挖出土的第一铁人。

四川省芦山县宝盛乡寿相桥人物雕像

浙江省杭州市西湖苏堤映波桥人面像

福建省晋江市海安镇安平桥石像

因为桥长路远，安平桥在桥上建起了五个亭子。中亭之前，两侧各置一尊石雕武士，手执刀剑，风格古朴，确是宋代原作。亭上眉联刻的是“水映无心”四个字，很有些佛家的味道，大概出自当年热心造桥的和尚的构思。

福建省福州市晋安区鼓山灵源洞蹴鳌桥石壁石刻和尚像

犀牛

犀，传说中的镇水兽。晋代葛洪《抱朴子·登陟篇》说：“通天犀牛，……刻以鱼（形）而衔以入水，水常为开。”清代黄钧宰《金壶七墨》亦说：“黄河堤上，间数里即有铁犀一具，回首西望，逆流而号，以禳水势。”《西游记》中孙悟空到东海时骑的独角辟水兽，正是犀的变种。秦时李冰治理蜀国，曾以石雕五头犀牛。《华阳国志》记载：“李冰昔作石犀五头，以厌水精，穿石犀渠于江南，命之日犀千里。后转二头在府中，一头在府市桥门，二头沉之于渊。”《本草图经》说：“犀出永昌（云南）山谷及益州，今出南海者为上。”陆佃《埤雅》：“犀形似水牛，大腹庳脚，脚有三蹄，黑色。三角，一角在顶、一角在额上、一角在鼻上。……旧说犀之通天者恶影，常饮浊水，重雾原露之夜，不濡其褒。……可以不皮水。”

犀为何又变成牛了呢？犀牛，犀牛，犀与牛之间，本来在形体上就有很多相似的地方，犀较为罕见，故国人熟知的牛逐步取代犀的位置。而且，在十二生肖中，牛属丑；十二地支中，丑属土，按五行相生相克学说，“土能克水”，所以牛便后来居上，成为镇水兽的一种形制。

山西永济蒲津浮桥始建于春秋时期鲁昭公元年（前 541 年），后因黄河水患冲击“絙断船破”。唐开元十二年（724 年），玄宗降诏“新作蒲津桥”。后又毁于战火。明洪武二年（1369 年）徐达取长安，再次架设蒲津浮桥。之后数百年间，黄河故道迁徙不定，该桥再未复建。

20 世纪 80 年代末，文物工作者在蒲州故城西门的黄河古道深处，寻觅到了蒲津渡遗址，发掘出了四尊铁牛等一大批铁质文物。四尊大铁牛为唐开元十二年（724 年）改竹索浮桥为铁索浮桥时所铸造的。

北京市颐和园十七孔桥镇水铜牛

位于昆明湖东岸，卧于雕花石座之上。清乾隆二十年（1755 年）于修浚昆明湖时袭古代大禹治水铸铁牛以镇水患的传统，作为防水患的镇物。在铜牛身上，铸有 80 字的篆体铭文《金牛铭》，说明了铸此牛的目的，今日此牛已成为人们欣赏的一件艺术品。

湖南省芷江县龙津桥桥头犀牛

清雍正九年（1731 年）洪水泛滥，几乎危及桥墩，铸犀牛雌雄各一尊于桥头以镇之。1958 年犀牛毁于大炼钢铁，2008 年重置。

广东省潮州市广济桥铁牛

铁牛系用生铁（潮州人称为“鉎”）铸成。修堤防、平水圭，牛奔忙出力有功，立像桥上，永作纪念。

山西永济市蒲津浮桥遗址出土的铁牛

气势非凡的大铁牛，是唐开元十二年（724年）将竹索浮桥改建为铁索浮桥时所铸造的，为地锚所用。铁牛呈矩形排列，头西尾东，伏蹲状，牛尾部横贯一根粗大铁轴。

龟

龟，作为水生动物，但又能爬上岸来在陆地上待一些时候，它不像鱼、虾一出水就不能生存。龟背长有硬甲，遇外界侵犯时，可将头和四肢缩至甲壳内以自卫。据说龟有先知先觉的功能，所以在夏、商、周时期，用龟占卜成为一种文化现象。商代是系统卜法的形成时期，甲骨文就是刻在龟板上的文字，成为早期文字和历史的重要资料。

“以静无为，修身养性”是道家崇尚的目标，龟在兽类中属寿命较长的一种，很早就与龙、凤、虎并列为四神兽之一。在雕刻艺术中，龟是纹样的对象，有的刻出龟的全形，有的和鱼纹装饰在一起，介于龟鳌之间。

浙江省天台县石梁乡古栈道上的石龟

河北省永年县广府镇弘济桥桥头石龟

河南省临颍县小商桥桥头石龟

草、莲荷

卷草是植物枝叶的一种表现形式，卷草即蔓生的草。蔓为蔓生植物的枝茎，由于它滋长延伸，蔓蔓不断，因此，人们寄予它茂盛、长久的吉祥寓意。

卷草形象很美，它是由随佛教传入的外来植物叶状纹样与中国传统植物纹样相结合而产生的一种程式化的植物纹样。由于它连绵不断的造型特点，人们赋予它连绵不绝的吉祥内涵，蔓为带状谐意“万代”，卷草雕刻常有草叶状、草龙状，雕刻的部位大多在桥额及易于观看的边饰。卷草雕饰流行于元、明、清代。

莲的根部称藕，生出叶称荷叶，开花为荷花，结出果实为莲子，所以又称为荷，俗称莲荷。

莲荷在石刻中频频出现，不仅因为它有形态之美，更因莲荷所具有的思想内涵。在中国长期的封建社会里，在帝王专制统治下和浑浊的世俗社会里，人要出淤泥而不染，身在卑微处而保持气节，坚韧不拔，遇难而进，这些都是人们所崇尚和追求的品德。而莲荷生于淤泥而洁身自若，其根质柔而能穿坚，居下而有节的生态特征都显示了古人所倡导和崇扬的道德。

浙江省桐乡市乌镇高胜桥桥额卷草纹饰

四川省芦山县宝盛乡寿相桥花草纹饰

河北赵县永通桥栏板驼峰草纹

浙江省桐乡市乌镇迁善桥卷草纹饰

浙江省嘉善县西塘卧龙桥桥墙卷草纹饰

安徽省当涂县新市镇叶家桥纹饰

山东省泗水县泉林镇卞桥石栏板莲荷

广西兴安县灵渠青云桥栏板上的莲荷

两只鸳鸯戏游荷塘，恰如一幅太平景象。

太极图

太极是道家哲学概念。这一概念影响了儒学、道教等中华文化流派。所谓太极，即是阐明宇宙从无极而太极，以至万物生化的过程。其中的太极即为天地未开、混沌未分阴阳之前的状态。易经系辞："是故易有太极，是生两仪。"两仪即为太极的阴、阳二仪。

关于"太极"迄今可见文献最早出自《庄子》。太极图式说是《庄子》"太极"思想在儒、道两家结出的硕果。

太极图被称为"中华第一图"。从孔庙大成殿梁柱，到老子楼观台、三茅宫、白云观的标记物；从道士的道袍，到算命先生的卦袍；从中医、气功、武术及中国传统及中国传统文化的书刊封面、会徽会标，到韩国国旗图案、新加坡空军机徽等，太极图无不是居其上。现代人所称的"太极图"即"阴阳鱼图"或"天地自然之图"。在古桥雕饰中，民间更多的是把"太极图"体现为风水功能。浙江省绍兴市广宁桥为单孔石拱桥，券内有六幅石雕，其中阴阳太极鱼图饰为浮雕，"鱼头"棱角分明，"鱼眼"为偏长的泪痕状；"鱼头"线条柔和，"鱼眼"为圆形。

湖南省长沙市望城区黄金乡杉木桥桥墩雕刻的太极图

上海市青蒲区金泽镇天皇阁桥石台阶上雕刻的太极图

佛教图案

在浙江、上海一带，古时在桥畔有建小庙的习惯，庙中供奉佛教偶像。除了建小庙，建筑工匠在桥上一些物件也不忘浮雕佛座八宝，即佛教的法轮、宝伞、盘花、法螺、华盖、金鱼、宝瓶、莲花，统称八宝吉祥，它们的形象常出现在桥顶石上。也有的在拱券内侧雕有八宝吉祥图案，桥的楹柱上刻有“南无阿弥陀佛”等字样，以体现建桥、走桥、修桥、护桥济世度人思想，表示桥与人心灵上的沟通，桥的人文价值也从中得到具体的体现。

上海市青浦区金泽镇天皇阁桥桥面浮雕宝幡、宝剑图案

上海市青浦区金泽镇放生桥桥面轮回图案

上海市青浦区金泽镇如意桥桥面吉祥、如意图案

书卷石

在桥面伸出半米，刻有书卷形的石构件，在古桥装饰中极为罕见。桥上用书卷为构件，是文人士大夫超凡脱俗生活题材

中的一种。山东省泗水县泉林镇卞桥，在拱桥一侧的望柱，其底座一部分刻成书卷和卷云状，作为桥望柱的紧固件，又是装饰件，透出缕缕书香。

山东省泗水县泉林镇卞桥书卷石

台阶石刻

如果说，桥上雕刻有正题、副题之分，那些龙、狮等灵长瑞兽以及人物、犀牛、花草、太极图等，无疑归属正题之列。而一些属“副题”之列的石刻，因其具有艺术及人文成分，也不应忽略。比如，石桥的台阶雕刻。

南方雨水多，有的桥坡度较陡，台阶防滑是建桥工匠必定考虑的因素之一。他们从人性关怀出发，台阶雕刻既达到防滑又不失艺术，让过桥人不失兴趣。

上海市青浦区金泽镇天皇阁桥波纹状台阶

山东省泗水县泉林镇卞桥书卷石

圆润肥厚，带有浓郁的晚唐风格。

上海市青浦区练塘镇李华港桥台阶“三角塔状”花纹（鞋印花纹）

第五章 桥上泥塑彩绘

泥塑彩绘在古桥装饰上也有其浓墨重彩之处。由于泥塑彩绘创作自由，不受约束，其色彩艳丽，大红大绿，有着浓郁的民间喜庆热闹气氛和民间特色，以其艺术形式反映民间风情，既扩大了桥自身的影响，又给行人带来了艺术感染。人们由衷感叹，民间艺人实在不“民间”。

一、泥塑

泥塑也称灰塑或彩塑，是中国民间传统的一种古老常见的民间艺术，即用黏土塑制各种形象的民间手工艺。泥塑发源于宝鸡市凤翔县，流行于陕西、天津、江苏、河南等地。泥塑主要手法是按所需的形状塑造成泥胎，经阴干，涂上粉底，再施彩绘。它以泥土为原料，以手工控制成形，以人物、动物为主。有的经烧制成陶制品和琉璃制品，安装在桥屋的屋脊或屋檐上。

魏晋南北朝的寺观建筑中的泥塑作品，已具有相当高的艺术水平，隋唐五代的泥塑进入空前发展的时期，宋代的泥塑作品世俗化和生活气息相当浓厚，明、清时期泥塑在内容和造型上有了很大的变化。

桥屋的屋脊是泥塑装饰的重点部位，题材也比较广泛，多数为民间喜闻乐见、广为流传的内容和图案，如和合如意、年年有余、千子百福、富贵长寿等。也有的制成多层次的泥塑，如屋脊上的龙、凤，螭虎吐草及人物、花鸟等。

多子百福、年年有余，都与“鱼”有关。泥塑中以鱼作装饰很早，数千年前人类所使用的陶制品上就有鱼的形象。鱼具有较多的象征意义，鱼繁殖能力强，象征多子多孙，多子百福。鱼的谐音为“余”，无论福事、喜事都年年有余、户户有余，是人之所盼。所以鱼的形象会出现在泥塑里。

屋脊上泥塑有凤，即凤凰，《大戴礼·易本命》中称：“有羽之虫三百六十而凤凰为其长。”可见凤凰在飞禽中是最有地位的一种瑞鸟，后来又成为封建皇后的象征，民间用“龙凤呈祥”来表达吉祥。

河北省井陉县苍岩山桥楼殿廊脊龙泥塑

福建省大田县青水畲族乡三房村安仁桥泥塑

湖南省东安县紫溪镇广利桥阁亭正脊和翼角上置神像泥塑

湖南省东安县紫溪镇广利桥阁亭正脊和翼角上置神像泥塑

浙江省泰顺县三魁镇薛宅桥廊屋脊翘角彩塑鲤鱼

湖南省武冈市邓元泰镇木瓜村木瓜桥泥塑

福建省大田县青水畲族乡三房村安仁桥泥塑

二、彩绘

古桥装饰艺术大家庭中少不了彩绘。彩绘也被称为丹青，常用于中国传统建筑上绘制的装饰画。春秋时期，建筑物出现了彩绘。隋唐时期，在装饰宗教建筑物的同时，桥梁装饰也出现了彩绘，明清时期桥梁彩绘达到了鼎盛。桥梁彩绘一般绘制在梁架、藻井、柱及斗栱上。

为了使斗栱、梁枋更加美观，除了凭借自身组合的形象之外，还在它的外表涂以色彩，形成中国古桥建筑特有的“彩画”装饰。宋代《营造法式》中专门有“彩画作制度”部分，说的是在房屋梁枋、椽子、斗栱等构件表面进行彩绘的形式、制度、用料、用工等内容，除文字叙述外还附有图样。从《营造法式》中可以知道当时梁、栱上的彩画有七八种式样之多，有最复杂的赤、黄、红、青、绿五彩并用的“五彩遍装”；有以青、绿为主的“碾玉装”和“青绿叠晕棱间装”；有以青、绿为主另加红色的“三晕带红棱间装”；有以绿为主，以青相间的“解绿结华装”和“解绿装”等等。这些形体基本相同的斗栱以其不同的色彩与花饰被应用在不同性质和不同大小的建筑上。

彩绘的题材也十分广泛，涉及人物及其演绎的故事较多。出现人物形象的有几种情形：一是神话中的“八仙”。“八仙”分别出现在唐、宋时期，传至元代才成为一个八仙集体。这些仙人有的治病救人，有的能占卜算卦，有的能为民除害，有文有武，有男有女，与老百姓生活密切相关，从形象到性格又各具传统色彩，深受广大民众喜爱。二是在民间流传甚广的故事，如包公判案、桃园结义、岳母刺字等，人们通过小说、戏剧、脸谱等塑造出的有“高尚情操”的人物故事。三是有情节内容的人物，如梁山泊英雄好汉、将相和等。四是作为传统道德标杆的人物，如“二十四孝”等。除人物外，彩绘题材还涉及山水花鸟类，如“迎客松”等，动物禽兽类，如龙、凤等。

一些民族地区的古桥廊屋不以彩绘绘制，而是用彩墨壁画来装饰。如广西富川瑶族自治县朝东镇廻澜桥，在桥阁内外墙壁及桥亭两端的封墙内壁，有6幅彩墨壁画，描绘廊桥建造者潘兰芝一生不幸的故事，以及明崇祯十四年（1614年）重修此桥时的陕西道监察御史何迁枢的故事。

在同一地段，与廻澜桥相距不远的青龙桥，桥阁门额两边也有彩墨图画，内容为“太白醉酒”、“罗敷采桑”和“春华、秋莲两相会”等。此外，桥亭两端的封墙内的彩墨壁画内容有“江南一枝梅”、“姜太公钓鱼图”等图案。

浙江省泰顺县泗溪镇溪东桥廊壁上彩绘

内容为两条奔跑的龙和两只奔跑的麒麟。

甘肃省兰州市握桥廊道彩绘

为了减少空气中潮气对木材的侵蚀，在梁枋上涂刷油漆，由单色的油漆发展到用彩色油漆在梁枋上作画，形成中国廊桥建筑特有的“彩画”装饰。甘肃兰州握桥廊道梁枋绘制着山水风景、植物花草，一幅一个样，从内容到形式都互不雷同，从而使长廊成为一条彩色的画廊。

广西富川瑶族自治县朝东镇回澜桥彩墨壁画

广西富川瑶族自治县新塘溪桥彩墨壁画太公钓鱼

福建省政和县花桥藻井彩绘

藻井为部分廊桥顶棚的一种形式，它的形态和做法都比平闇复杂。藻井位于廊桥天花的中心位置，起到重点装饰的作用。藻井中有层层叠叠的倒垂着的植物花叶装饰。廊桥为木结构，最怕火灾，所以，用与水有关联的动物和植物作装饰以取得灭火的象征意义。

福建省松溪县渭田镇渭田村五福桥人物彩绘

第六章 桥上题刻

古桥建造者以桥的坚固为天职，但也不忘发挥想象和创造美，通过在桥的显要位置题刻，把艺术的构思融于大自然，增加桥的文化意蕴。

桥上题刻有楹联题刻和桥额题刻、桥名题刻、梁面题刻等多种。

一、楹联题刻

上海市青浦区金泽镇放生桥楹联（局部）

上海市青浦区金泽镇放生桥的楹联刻着“桥连如意接康衢；水出湾潭通秀气”。表明此桥连接如意桥，通向康庄大道；桥下流水流向淙淙小河。

楹联题刻一般放在桥孔（单孔桥）两侧，竖排，字数有多有少，不拘一格，其内容大致有四种：

一是有富贵之气。“路入阆风云霞空际涌，地临蓬岛宫阙水边明。”这副由清乾隆帝书写的楹联题刻在北京市颐和园昆明湖与高粱河接点的绣漪桥上，其意思是，由水路经过此桥进入神仙境地，彩云和霞光涌自天际，此地已靠近蓬莱仙岛，水边的宫殿楼阁分外光彩夺目。楹联题刻既写景，又给人富贵大气的感觉。

二是有企盼之情。企盼为想象，多少也有梦的成分。浙江省桐乡市乌镇迁善桥的薄墩上，一副楹联刻着“迁西迁步相承积善並金珠，东曰东庄协和发福宜长盛”，寄托着建桥者和当地民众的一种向往。

三是有劝学之功。“积功莫大于修路，累德莫大于叠桥”，这是陕西宁强县青木川镇西沟栈道石壁上的楹联题刻，劝导人们造桥修路，积阴积德。

四是有纪念之意。浙江省嘉善县西塘卧龙桥楹联题刻：“修数百年崎岖山路；造千万年来往之桥。”赞颂修造卧龙桥的功德并以之纪念。

浙江省桐乡市乌镇迁善桥桥墩楹联（局部）

浙江省嘉善县西塘卧龙桥楹联

二、桥名题刻

桥名题刻比较常见，有的直刻桥名，比如“重建迁善桥”、“重建吴家桥”、“重建卧龙桥”、“雨读桥”、“秀兴桥”、“庆云桥”等。有的在桥名后面署上题刻时间，比如，福建省福州市鼓楼区的“陆庄桥 乾隆岁次戊申 季冬吉日重建”；福建省福州市通湖路天盛小区内的“观音桥 光绪丁未年 仲冬吉日修”等。有的桥额题刻喜欢使用祈福词语。比如，浙江省宁波市鄞州区高桥镇的高桥，在石拱桥额题刻“指日高升”，浙江省建德市原洋尾乡洋程村的虹桥，在石拱桥桥额题刻“虹桥永镇”，四川省芦山县宝盛乡寿相桥桥头题刻“为善最乐”、浙江省桐乡市乌镇迁善桥题刻“永团圆”，等等。有的工匠则别出心裁地在桥券内题刻，以示流芳后世。比如，江西省庐山县栖贤寺宋代三峡石拱桥，在东侧外券第六石上题刻“江州（九江）匠陈智福、智海、弟智洪”。东侧第二券第七石上题刻“建州（福建建瓯）僧文秀教化造桥”。西侧外券第七石上题刻“福州僧德朗勾当造桥”。福建省闽侯县上街镇十四门桥在第一孔石梁上题刻“元丰五年十二月庚甲造，至八年十一月廿三日壬辰毕石匠张保”。

上海市金山区枫泾镇庆云桥桥名

浙江省桐乡市乌镇雨读桥

浙江省嘉善西塘卧龙桥桥名

福建省福州市观音桥题刻

三、桥额题刻

浙江省宁波市鄞州区高桥镇高桥桥额题刻“指日高升”

浙江省桐乡市乌镇迁善桥桥额题刻“永团圆”

四川省芦山县宝盛乡寿乡桥题刻“为善最乐”

浙江省桐乡市乌镇通安桥桥额题刻“公议不许灌鱼”

四、梁面题刻

福建省闽侯县上街镇十四门桥石梁梁面题刻

梁面题刻用字用语精巧，字体多为楷书，刚直有力。可惜不少古桥题刻年长月久已风化，字迹模糊。有些古桥地处荒芜古道上，题刻或被荒草遮掩，或被苔藓覆盖，近在咫尺，也难发现，给人留下遗憾。

题刻与古桥互相烘托，相得益彰，物质的实用功能与精神的意识作用，成为古桥的一道人文景观，为过桥行人带来精神愉悦和收获。

参考书目

《中国古代桥梁》 唐寰澄 / 主编 中国建筑工业出版社 2011 年

《中国古建筑二十讲》 楼庆西 / 著 生活·读书·新知三联书店 2001 年

《中国小品建筑十讲》 楼庆西 / 著 生活·读书·新知三联书店 2004 年

《中国名胜——寺塔桥亭》 罗哲文 / 主编 机械工业出版社 2006 年

《雕梁画栋》 楼庆西 / 著 清华大学出版社 2011 年

《砖雕石刻》 楼庆西 / 著 清华大学出版社 2011 年

《中国桥梁》 於贤德 / 著 广东旅游出版社 2004 年

《中国廊桥》 戴志坚 / 著 福建人民出版社 2005 年

《扬州名桥》 邱正锋、冯汉国 / 编著 广陵书社 2006 年

《赵燕古桥》 刘忠伟 / 主编 科学出版社 2009 年

《卢沟桥文集》 罗哲文等 / 编审 1987 年

《中国地理杂志》 2012 年 5 期，2015 年 3 期、2015 年 6 期

《泸州龙桥》 陈凤贵 / 著 中国戏剧出版社 2012 年

《泸县龙桥》 泸县文体广电局 编著 四川美术出版社 2011 年

后记

不知道哪根筋出了岔，我爱上了古桥。

从 2005 年开始，我从收集古桥资料入手，到点滴琢磨、分段研究，再到实地调查、拍摄，中国大陆 31 个省份，除新疆、青海、内蒙古、宁夏、黑龙江、吉林以外，其余省份我都涉足，一些省份还去了多次，行程 19 万公里，拍摄了 12000 多张图片，调查做笔记 7 万多字，拍摄的古桥有 600 余座。看得多了，听得多了，记录得多了，对古桥装饰艺术产生了浓郁的兴趣。于是，萌发了写《匠心桥饰——中国古代桥梁装饰艺术》的冲动。

桥梁装饰艺术不是我本行，写古桥装饰艺术的原动力，既有身临其境、触摸多的因素，更有几位老师指导好的因素。原铁道部大桥局教授级高级工程师唐寰澄，他既是著名桥梁专家，又是桥梁美学专家和桥梁史学家，我先后多次到汉阳，聆听他对古桥的讲解，特别是装饰艺术方面的介绍，他还以木石梁桥、廊桥模型给我讲桥的造型美、构造美，讲桥的布局、借景，讲桥的空间观念和环境观念，讲桥局部结构、细部装饰的特点。他在古桥与环境、古桥与文学、古桥与艺术、古桥与宗教方面的学识十分渊博，听后用“一点一滴皆营养”形容，绝不过分。2010 年，我到陕西省汉中市调查、拍摄古栈道，汉中市前任博物馆郭荣章馆长领我去石门栈道、褒斜栈道五关驿、孔雀台遗址拍摄。他用卷尺度量栈道桩孔，度量石壁上残留的石梁，比画栈道桩孔的角度，言语十分严谨，让我受益匪浅。2008 年、2013 年、2016 年，我三次去云南省腾冲拍摄古桥，腾冲县原博物馆馆长李正老师，带我去抗日远征军经过的古桥拍摄，尤其对和顺古村的几座石拱桥的结构、装饰讲得十分细致。福建省寿宁县博物馆馆长龚健陪我下乡入村调查、拍摄廊桥，从他对坑底乡大宝桥、杨梅州桥的装饰赞赏中，我领悟到了廊桥装饰的艺术魅力。2008 年和 2014 年，我两次到四川泸县拍摄龙桥雕刻。县文物局前任局长陈凤贵不仅带我下乡拍摄，还十分耐心地给我讲解龙脑桥、凤水桥、小龙桥等多座石梁桥龙雕的特点、风格，让我对石雕艺术丰富了知识。几位老师的传授、点拨，使我对古桥装饰艺术的认识有了一次小飞跃。

古桥大多建造在乡村古道，远离热闹。为了拍摄和田野调查，背着器材翻山、淌水是常事，早出晚归，间中温饱难以保证。体力累点容易恢复，苦点没有怨言，而对一些有较高价值、本应能拍到的桥梁，到了现场看到没踪没影后，给身心留下的痛楚却是难以恢复的。如：浙江省绍兴市是水乡，水多古桥多。近十来年，绍兴城内河流从过去的 29 条减少到目前的 13 条，一些资料显示有古桥的地方，去了后却找不到古桥。2013 年 10 月，我去云南拍摄，原计划中有 9 座颇有知名度的古桥因消失而没拍到，这仅涉及云南的广南、麻栗坡、元阳、勐腊、宁洱、景谷、腾冲、永平等 8 个县的局部地方。2014 年 2 月，我去浙江、福建，有 10 座比较有历史、艺术价值的古桥也没有拍到，其中包括每根石梁重达 200 多吨、计有 45 根之多的漳州虎渡桥。我所到的只是萧山、德清、绍兴、新昌、福清、漳州的部分乡村。在浙江绍兴，我去了稽东镇和王坛镇，目的是拍二十里牌桥和天保桥，当地老者说，去年一场大水，两座桥被毁了。在新昌县新林镇，我拟拍久负盛名的查林木梁桥，家住桥头的一位中年妇女说："前两年一场大水，眼睁睁看着木桥被洪水冲走，现在只剩下桥台了。"2014 年 2 月，我拍浙江绍兴钱清镇九二村广溪桥，村民们说，村委个别干部早就想拆石拱桥了，因为石头好。只是村民极力反对并上告到上级文物主管部门，桥才有幸保留下来。更为离谱的是 2014 年 5 月 1 日，广东省龙川县老隆镇洋溪桥在"法师"开工大吉的嘈杂声中，两台挖掘机竟然向桥下砸去，建于清嘉庆年间，迄今有 200 多余年历史的古桥轰然倒塌……

近些年，当人们追求经济发展和农村城镇化目标时，往往容易忽视祖先留下的遗产，忽视我们代代相传的精神家园，使古桥风貌渐行渐远，我深感惋惜。

古桥，为了与人方便，它不但在大地上通连道路，而且化理想为现实。

古桥装饰以小见大，有的成为一个地区的标志，有的成为园林胜地的瞩目景观，有的承载着高超的建筑艺术，有的物化着特定的人物故事……

古桥装饰艺术凝固历史，是一个民族、一个地区的真实记忆，是人类社会、经济发展的历史见证，只要有古桥装饰的地方，就有中国文化渊源，它饱含着社会历史价值、经济文化价值、观赏审美价值；它是凝固的诗、立体的画、贴地的音符，是文化融合的见证；它装满了记忆，装满了乡愁，也维系着千百年绵延不尽的传统。我们应该心存敬畏，倍加珍惜。习近平总书记在论述文化传统时强调，要“传承和弘扬中华优秀文化传统”。在弘扬社会主义先进文化的进程中，呼唤更多的人关爱古桥建筑和古桥文化，保留祖先惊人的技艺和智慧，让保护下来的文化遗产继续为社会服务。

调查、拍摄古桥是我的业余爱好，也是我对传统文化的一种眷恋。古桥装饰艺术是一门学问，是多文化元素的集合体。书中照片、文字不尽完美，问题与缺憾在所难免，请专家、学者、同仁不吝赐教，我将十分感谢！

11 年的田野调查、拍摄，家庭事务难以顾及，幸亏爱人黄礼洪不作计较，默默奉献。儿子吴巍，儿媳王爱然也时有帮助，收集资料、打印文稿，对他们的热心支持，在此也深表谢意。

成书过程中，中国建筑工业出版社编辑张幼平先生付出了辛勤劳动，深圳市龙岗区宣传文化发展专项资金也给予了大力支持，在此一并表示感谢！

吴礼冠

2017 年春节于深圳

附：

作者在贵州省怀仁市五马镇三洞桥（上）

浙江省绍兴市新昌县小将镇吉安桥（下）

向当地老乡调查核实古桥情况

作者与茅以升科技基金会秘书长茅玉麟女士参观四川省泸县龙脑桥留念

作者在福建省寿宁县坑底乡拍摄小东桥工作照